감자칩과 부대찌개 사이에서

일러두기

본문에 등장하는 일부 용어는 종평등을 위해 다음과 같이 표기하였습니다.
- 계란, 달걀 → 닭알
- 우유 → 소젖
- 물고기 → 물살이
- 마리 → 명(命)
- 암컷, 수컷 → 여성, 남성
- 가축 → 농장동물

회식은 샐러드집에서 하게? 살은 좀 빠지겠네. **감자칩**만 먹고 살아야 되는 거 아니야? 좀 **과**한 것 같아. 콩고기 식감 별로잖아. 나도 고양이 좋아하는데 돼지랑은 약간 다르지. **부대찌개** 같은 거 먹고 싶으면 어떡해? 너 그러다 단백질 부족해서 쓰러진다. 인간이랑 동물 **사이에서** 뭐가 더 중요한지 다시 생각해 봐.

채식이 삶의 즐거움을 앗아 갈까 봐 주저하는 사람들에게.

_____시작하는 글

    나는 아주 오랫동안 '먹는' 행위에 시달리며 살아왔다. 먹는 일에 시달렸다는 건 이를테면 이런 거다. 살을 빼야 한다는 강박에 붙들린 채 일정 기간을 쫄쫄 굶거나, 양육자로 인해 식단을 제한받는 것. 어떤 상대와 무슨 약속을 잡더라도 뭘 먹을지 우선 고민하고, 만나서는 오늘 먹은 음식의 맛이 어땠는지에 대해 오랜 시간을 떠드는 것. 그것으로 인해 하루의 컨디션이 좌우되기라도 하는 것처럼 호들갑 떠는 것. 집에 돌아와서 혼자 갑자기 충동적으로 아주 많은 양의 배달 음식을 시키고, 그걸 꾸역꾸역 먹고 나서는 밀려오는 무력감 속에서 허우적대는 것. 과거의 나는 분명히 직접 숟가락을 들고 스스로 입안에 음식을 넣는데도 어딘가에 끌려다니고 있다는 느낌을 지울 수 없었다. 배는 한껏 부른데도 몸 안쪽 어딘가가 공허했고 불안했다. 텅 빈 곳이 어딘지도 몰라서 도무지 채울 수가 없었다.

    언제부턴가 진심으로 이런 삶으로부터 도망치고 싶었다. 먹는다는 행위가 내게 주는 반복적인 감각에서 벗어나고 싶었다. 맛있는 음식을 먹는 즐거움을 포기하거나 적당량만 먹는 사람이 되고 싶다는 게 아니라, 내 삶의 전반을 휘어잡고 있는 기이한 강박에서 벗어나 자유로워지고 싶었다. 먹는 행위로부터의 자유가 간절했다. 하지만 어떻게 자유로워질 수 있는지조차 알 수 없어서 괴로워하며 타성에 몸을 맡기고 하루하루를 보냈다. 끼니를 건너뛰어 우울해진 마음과 폭식으로 부어버린 몸을 들여다보며 고통스러워 했고 죄책감에 휩싸였다. 스스로를 아무렇게나 내버려두고 있다는 생각에 몸부림치던 시기였다.

이 지긋지긋한 굴레를 끊게 된 건 비건을 결심하고 나서부터다. 채식주의자가 되겠다고 마음먹은 날, 나는 놀라운 경험을 했다. 처음으로 식탁 앞에서 주체성을 움켜쥔 기분이었다. 틀림없이 전날에도 부엌에 서서 같은 고민을 했을 텐데, 하루 만에 모든 게 낯설게 느껴졌다. 오로지 나의 혀와 뇌의 만족을 위해 메뉴를 고르는 것과 다른 존재와의 공존을 위해 식탁 앞에 앉아 뭔가를 결정한다는 것은 완전히 달랐다. 말로 다 표현할 수 없을 만큼의 큰 차이였다. 식탁 위에 놓인 음식들이 어디서 왔는지를 마주하고, 무엇을 먹거나 먹지 않을지를 스스로 선택하는 삶으로 들어선다는 것. 이것이 내가 그토록 바랐던 자유였다.

그 후로 내가 들어갈 수 있는 식당의 수는 현저히 줄었지만, 내 삶은 이루 말할 수 없을 정도로 확장되었다. 아직 나조차도 내 안을 다 둘러보지 못했다. 아마 그것들을 전부 둘러보는 건 죽을 때까지 불가능할지도 모른다. 세계는 끝없이 넓어질 테고 나는 이제야 자유를 찾았으니까. 나는 이 책에서 내가 찾아 헤매다 비로소 만났던 '자유'에 대해 이야기해보려고 한다. 채식주의자로 살아가는 일상이 나를 어떻게 변화시켰는지 그리고 그것이 얼마나 놀랍고 근사한 일이었는지에 대해 모두와 나누고 싶다. 많은 이들이 채식주의의 번거로움보다 긍지와 기쁨과 연대에 대해 말할 수 있기를 바란다. 누구도 죽지 않는 식탁에 앉아 맛있는 식사를 하고, 매일을 살아가면서.

차례

시작하는 글 · 6

_____ 잡식과 채식의 경계에서
자취생의 잡식생활 · 11
앞으로는 안 먹는다고? · 15
나랑은 상관없는 일 · 20
아주 평범한 식사 초대 · 24
무언가를 먹지 않는다는 것 · 29
초밥도 먹는다니까 – 구운 채소초밥

_____ 초보 채식주의자
이제는 뭘 먹을 수 있지? · 35
엄격한 번거로움 vs 편안한 죄책감 · 40
다이어트 아니라고요 · 46
지속 가능한 실천 · 52
스크램블도 먹는다니까 – 순두부 비건 스크램블

_____ 다채로운 채식 한 끼
수직 상승한 요리 실력 · 57
비거나이징은 기세야 · 62
맛있는 식물성 고기 · 69
빼 주실 수 있나요? · 76
후식 배는 따로 있어 · 83
새로운 세계, 넓어진 선택지 · 88
부대찌개도 먹는다니까 – 비건 부대찌개

_____다 함께 채식!
식이도 지향이야 ·97
평화로운 채식 명절 ·102
60분 동안의 실천 ·107
Happy Vegan Day ·118
낯선 길 위에서, V로그 ·133
비건의 경조사 ·146
국물 요리도 먹는다니까 – 감자 수제비

_____비건의 혜화동 일상
비거니즘 희곡 쓰기 ·155
극장도 비건이 될 수 있을까 ·161
회식과 채식 ·168
식사하러 가시죠 ·174
참치 통조림도 먹는다니까 – 참치 없는 참치 토스트

_____변화의 한가운데 서서
조금씩, 모두가 변하고 있다는 것 ·183
새로운 소비 트렌드 ·189
TV 속 비거니즘 ·195
두르거나 신고 바르는 ·201
이제는 익숙하고도 유쾌한 일상 ·210
두루치기도 먹는다니까 – 매콤 느타리버섯 두루치기

끝맺는 글 ·216

연루(連累)를 고대하며 ·219

잡식과 채식의 경계에서

자취생의
잡식생활

첫 자취방의 모습은 지금도 생생하게 떠오른다. 5평 남짓 되는 좁은 공간에 놓여 있는 침대, 좌식 책상, 좁다란 부엌, 3인용 전기밥솥, 삼천 원짜리 양은 냄비, 얼룩덜룩한 벽지와 줄눈이 벗겨진 타일, 결로가 잘 생기던 창문. 그리고 그곳에서 매일 밤 구겨지듯 잠들던 나. 이렇게만 설명하면 조금 구질구질하게 느껴질 수도 있겠지만 그건 사실이 아니다. 맹세코 말하건대 나는 그 작은 원룸에서 아주 많이 행복했다.

무엇이 그렇게 행복했냐 물으면 무엇부터 말해야 할지 고민해야 할 정도다. 일단 내가 어지럽힌 방이 계속 어지러울 수 있다는 게 좋았다. 너저분한 방을 보고 타박하는 사람이 없고 누구도 내 물건에 손을 대지 않는다는 것. 리모컨이 냉동실에 들어가 있거나 세탁기 안에 책을 넣어 놔도 아무도 내게 잔소리하지 않는다는 것. 이제 막 스무 살이 된 내게는 그 모든 게 생경했고 짜릿했다.

하지만 그보다 더 자극적으로 나를 매료시키는 건 바로 '밥'이었다. 작은 원룸에서의 나는 누군가 매일 아침 차려준 음식에서 벗어나, 스스로 끼니를 결정하는 재미에 푹 빠져 있었다. 매일 짜장면과 피자를 시켜 먹거나, 귀찮다는 이유로 온종일 굶어도 되는 자유. 나만의 불규칙을 만들어 가는 짜릿함. 그건 직접 번 돈으로 원하는 옷을 사 입거나 자취방에 혼자 누워서 발목을 까딱대는 정도로는 느껴본 적 없었던 크기의 만족감이었다. 의식주에서 '식'의 주도권을 쥐는 것. 비로소 삶의 방향키가 내 손 안에 들어온 기분이었다.

자취 선배들은 내게 '그렇게 살다가는 골로 간다.'며 경고했다. 나는 그 모든 조언을 한 귀로 듣고 온몸의 구멍으로 흘려보냈다. 집 떠나면 고생이라는 말은 누가 만들었을까. 안 떠나 본 사람들이 만든 말 아닐까. 밥 대신 초콜릿을 씹고 물 대신 콜라를 마시며 이런 쓸데없는 질문이나 던지곤 했다.

대도시에 사는 1인 가구에게는 선택지도 무척 다양했다. 편의점에 가면 다양한 도시락과 삼각김밥이 있고, 어디서나 배달 음식을 시키는 게 가능하고, 새벽에 배가 고프면 집 근처 24시 식당에 가면 되니까. 간혹 마트에서 장을 봐서 직접 밥상을 차리더라도 대부분이 가공·냉동식품으로 이루어진 식탁이라 크게 다른 느낌은 없었다. 그렇다고 신선한 채소나 과일을 사서 직접 요리를 할 엄두는 나지 않았다. 전력이 약한 5평 원룸 냉장고에서 무르고 썩어버린 식재료들을 몇 차례 버린 후에 자취생에게 신선식품은 사치라는 것을 깨달았기 때문이었다. 그보다 저렴하고 오래 보관할 수 있는 대용량 냉동식품들을 사는 것이 여러모로 최선이라고 생각했다.

가끔 건강하고 균형 잡힌 식단에 대한 열망이 찾아오는 때도 있었다. 밥과 국, 서너 가지의 반찬으로 이루어진 밥상이 그리워지는 순간. 대단히 맛있거나 특별하지 않아도 먹고 나면 속이 편안한 익숙한 식사. 그럴 때면 레시피를 찾아 국을 끓이고 반찬 가게에서 반찬을 사다 먹었다. 하지만 그마저도 자취생에게는 품이 드는 일이어서였을까. 생각보다 오랫동안 유지되지는 않았다. 나는 금방 맵거나 자극적인 음식들을 찾았고 또다시 같은 생활을 반복했다. 먹고 싶은 음식은 자주 쉽게 바뀌었다. 드라마 속 등장인물이 먹는 짜장면 또는 친구가 어제 시켜 먹었다는 프랜차이즈 브랜드의 피자를 따라 주문했고, 요즘 유명하다는 파스타와 새로 나온 컵라면도 꼬박꼬박 사 먹었다. 나는 뭔가가 먹고 싶어질 때마다 그 순간순간의 욕망에 충실했다. 그걸 자유라고 생각했으니까. 당시 친구들과 함께 자주 하던 말이 기억난다. "먹고 싶을 때 뭐든 먹을 수 있는 게 어른이야."

요즘도 가끔 그때의 나를 떠올려 본다. 부끄럽거나 싫지는 않다. 하지만 조금 안쓰럽게 느껴질 때는 있다. 혼자서는 다 먹지도 못할 양의 배달 음식을 시켜서 먹다가 후회하고 또 후회하던 좁은 원룸에서의 나. 뭘 먹고 있는지도 모르고 휩쓸리듯 먹던 나. 지금 와서 생각해 보면 당시에 대체 왜 그렇게까지 먹는 행위에 중독되어 있었는지 조금 의문이 들기도 한다. 어떤 공허함이 있었을까. 혹은 나도 모르는 어떤 억압된 욕망이 식탐으로 변형될 만한 계기나 사건이 있었던 걸까. 나는 꽤 오랫동안 이 질문들을 붙들고 늘어졌었다. 하지만 결국 명확한 답을 내릴 수는 없었고, 그래서 지금은 모든 의문점을 보류해 둔 상태이다. 그냥 그렇게 생각한다. 그때의 나에게는 그럴 만한 이유가 있었겠지. 지금은 도무지 이해가 안 갈지라도 과거의 나는 그러고 싶었겠지. 지금 와서 그걸 따지고 드는 게 큰 의미가 있을까.

앞으로의 삶을 결정하고 선택하는 것에 있어서 과거를 돌아보고 분석하는 일은 중요하다. 하지만 그것이 전부는 아니다. 어제 어떤 삶을 살았더라도 오늘은 다르게 살 수 있다. 내일은 또 달라질 수도 있다. 고기 반찬이 있어야만 풍족한 밥상이라고 믿었던 나와 동물을 먹지 않는 삶을 살겠다고 결심한 후 비건을 실천하는 지금의 나. 이처럼 어제와 오늘의 나는 분명 같은 사람이지만 아주 다르다. 내일의 나도 마찬가지일 것이고.

앞으로는
안 먹는다고?

내 채식 인생에 대해 논하기 위해서는 친구 도꼬에 대해 먼저 이야기해야 한다. 나의 모든 실천과 그 시작에 도꼬가 있었으니까. 도꼬는 내가 20대 초반부터 중반까지 내내 졸졸 따라다니던 친구다. 힘들었던 순간에 진심 어린 조언을 받은 후로 나는 완전히 도꼬에게 빠져 버렸다. 말 그대로 물리적으로만 따라다닌 것이 아니다. 도꼬의 모든 걸 닮고 싶어 했고 그래서 많은 것들을 따라했다. 의미 없이 가방이나 신발, 책을 따라 샀던 적도 있고 도꼬의 말버릇을 흉내 낸 적도 있다. 그뿐만이 아니라 신념과 가치를 베껴 오기도 했다. 도꼬가 세상을 바라보는 시선을 닮고 싶어서 온종일 도꼬와 함께 있으려고 했다.

대체 나는 도꼬의 어떤 점을, 왜 그렇게 닮고 싶었을까. 이 질문에 대한 답은 아직도 한마디로 정리하긴 어렵다. 하지만 확실하게 말할 수 있는 건 이거 하나다. 나는 그의 논리를 닮고 싶었다. 어긋

나지 않은 말과 행동, 정리된 생각과 그로 인한 결론이 부러웠다. 어떤 사안을 두고 사유하는 방식이나 판단하기까지의 흐름. 결국에는 논리의 끝에서 약자와 부당함에 대해 말하는 감수성. 명확하고 또렷하여 군더더기가 없는 삶과 일상이 탐났다.

도꼬에게도 이런 마음들에 대해 자주 이야기했다. 물론 도꼬도 자신만의 고민과 어긋남을 끌어안고 살아가겠지만, 당시의 나는 그것들을 전혀 인식하지도 못할 만큼 처음 느껴보는 종류의 동경에 사로잡혀 있었다. 도꼬 자체가 완전한 세계처럼 보였다. 도꼬는 그런 나를 보며 늘 같은 말을 했다.

"네 생각을 타인에게 외주 맡기지 마. 너한테는 네 논리와 네 결론이 있어야지."

나는 왜인지 저런 말을 하는 도꼬가 더 좋았다. 흉내 낼 필요가 없다고 말해주는 게 좋아서 그마저도 닮고 싶었다. 이토록 닮고 싶은 친구가 있다는 사실까지도 마음에 들었다. 도꼬는 지금까지도 저 시기의 내가 조금 이상했던 것 같다고 말한다. 동의한다. 나 또한 지금 와 생각해 보면 저 모든 것이 과했다는 생각이 든다. 뭐 인정할 건 인정해야지. 그때는 그랬으니까.

하루는 도꼬의 자취방에서 뒹굴대며 놀고 있었다. 도꼬는 정말

뜬금없이 그리고 어떤 맥락도 없이 내게 채식을 선언했다.

"곧 마리랑 같이 지내게 될 것 같아."
"응."
"나랑 마리는 이제 동물을 먹지 않기로 했어."

처음엔 저게 무슨 말인가 잠깐 고민했다. 말 그대로 동물을 먹지 않는다는 뜻일 텐데도 괜히 문장 자체가 조금 어색하게 느껴졌다. 고기를 안 먹겠다는 거겠지? 근데 아무리 생각해 봐도 도꼬와 마리가 자발적으로 고기를 먹는 모습을 본 기억이 나질 않았다. 애초에 잘 안 먹는 고기를 이젠 아예 끊겠다는 건가.

"앞으로 고기 안 먹게?"
"고기뿐만 아니라 그냥 동물은 전부 안 먹을 거야. 동물이 낳은 것도 동물한테서 나오는 것도 전부 안 먹을 거야. 소젖이나 닭알 같은 거."

그 말을 듣고서야 도꼬가 무엇을 선언하고 있는지 대충이나마 이해했다. 그리고 도꼬에게 이유를 물었다. 지금의 도꼬는 어떻게 생각할지 모르겠지만 그때의 도꼬는 이렇게 말했다.

"길에 사는 고양이들이 굶어서 죽거나 추워서 죽는 게 싫어. 길

고양이들이 고통스럽지 않았으면 좋겠어. 근데 이 마음이 고양이에게만 한정된다는 건 이상한 일 같아. 아픔과 고통을 느끼는 존재 모두에게 이 생각을 적용하기로 했어."

 처음엔 잘 이해가 가지 않았다. 도꼬가 길에 사는 존재들을 얼마나 마음을 다해 대하는지는 알고 있었지만, 그것과 채식이 무슨 상관인 걸까. 뭔가 알 것 같으면서도 전혀 모르겠는 이상한 기분이었다. 아무리 고민해 봐도 도꼬의 언어들이 내 안에서 잘 연결 지어지지 않았다. 그냥 모든 단어가 분절된 채로 내 안을 붕붕 떠다니는 기분이었다. 고양이, 고통, 아픔, 느끼는 존재, 모두.
 평소처럼 도꼬에게 뭔가 묻고 싶었다. 하지만 어떤 질문을 해야 할지 감도 잡히지 않을 정도로 마음이 울렁거렸다. 무엇보다 어딘가 결연해 보이는 도꼬에게 함부로 질문을 던지고 싶지 않았다.

 그리고 이제서야 말하지만 솔직히 도꼬에게 더 자세히 물어보기가 두려웠다. 내가 아는 도꼬는 무슨 질문을 해도 선명하게 정리된 답변을 돌려줄 거고, 그렇다면 그 답을 듣고 내가 어떤 생각을 하게 될지 흐릿하게나마 짐작이 갔다. 도꼬의 의도와 상관없이 나는 분명히 도꼬의 말에 어느 정도 설득될 거고, 그럼 또 닮고 싶다는 생각을 하게 될 텐데. 근데 이게 닮을 수 있는 문제일까. 내가 갑자기 육류와 물살이와 소젖과 닭알 그 모든 걸 먹지 않고 살 수 있나. 순식간에 이런 생각까지 들자 겁이 났다. 내가 묻질 않으니 도꼬도 더 말하지는 않았다.

　나는 그날 복잡해진 마음을 안고 도꼬의 집에서 나와 터덜터덜 내 집으로 향했다. 15분 남짓 되는 거리를 걸으며 골목에 즐비한 가게들을 보며 도꼬를 생각했다. 아니, 정확히는 동물을 먹지 않는 삶에 대해 생각했다. 이것도 못 먹을 거고, 저기도 못 갈 거고, 여기서도 먹을 수 있는 게 없고. 정말 그렇게 살 수 있는 건가? 불편해서 어떻게 살지.
　낯섦에 겁먹어서 뒷걸음질 치고 싶은 밤이었다. 뭘 부정하고 싶은지도 모르면서 일단 부정부터 하고 보던 이상한 밤. 채식주의에 대해 처음으로 생각하던 그 밤을 아직도 잊을 수가 없다.

나랑은
상관없는 일

도꼬는 선언했던 대로 더 이상 동물을 먹지 않았다. 그의 집은 비건 식재료들로 채워지기 시작했다. 처음 보는 낯선 재료들이 많았다. '비욘드미트'나 '오틀리', '건조 콩고기'와 같은 처음 보는 낯선 포장지의 식료품들이 도꼬의 부엌 한구석을 차지했다. 도꼬와 마리는 채식을 시작한 초기부터 아주 엄격한 기준으로 실천했다. 비건 인증을 받은 제품이 아니면 일단 의심을 거두지 않았다. 복잡한 성분표를 직접 분석했고 영문으로 쓰여 있는 논문들을 읽으며 해당 성분이 어떤 방식으로 추출되는지, 어떻게 식품의 재료로 쓰이게 되는지 확인했다. 그리고 그 과정에서 조금이라도 동물을 착취하는 제품들은 철저하게 배제했다.

나는 이웃사촌인 그들의 집에 자주 놀러가 엄격하게 완전 채식을 실천하는 삶을 아주 가까이서 들여다볼 수 있었다. 소스 하나까지 전부 성분표를 분석하며 구매하는 둘의 모습이 신기하면서도 어색했다. 그 정도로 의심하면서 먹으면 피곤하지 않을까 걱정도 됐다. 내가 걱정을 빙자하여 저 의문을 입 밖으로 꺼냈을 때 도꼬는 이렇게 대답했다.

"의심 안 하고 그냥 먹는 것보다, 의심하고 먹지 않는 게 나아."

여느 때와 같이 둘의 집에 놀러가는 길에 편의점에 들러서 두유를 몇 팩 샀다. 왜인지 빈손으로 가고 싶지 않아서 대충 두 사람이 먹을 수 있겠거니 싶은 두유를 골랐다. 그리고 집에 들어가자마자 두유를 건넸더니 돌아온 답변은 충격적이었다. 내가 사 온 두유가 비건 제품이 아니라는 것이다. 나는 대체 콩으로 만드는 두유가 어떻게 비건이 아닐 수 있냐고 물었다. 도꼬와 마리는 내게 두유팩 뒤에 적혀 있는 성분표를 보여 주며 친절하고 자세하게 설명해 주었다.

비타민D3가 함유되어 있는 두유는 비건이 아닐 확률이 높다는 게 핵심이었다. D3는 대구나 다랑어 등 해양 동물의 간유 추출물이나 양털에서 추출하는 라놀린이라는 성분으로 합성해서 만들어 내는 게 대부분이라, 동물성 원료가 포함된 두유로 본다는 거였다. 나는 처음 알게 된 사실에 입을 떡 벌리고 고개를 끄덕였다. 그리고 그 두유들을 그대로 들고 내 집으로 돌아오는 길에 다시 한번 생각했다. 나는 저렇게는 못 살아. 진짜로.

그리고 공교롭게도 얼마 지나지 않아, 내게 사무실로 출근할 기회가 생겼다. 지하철로 왕복 2시간 반 거리를 매일 출근해야 하긴 했으나 월급을 받는다는 생각에 그저 기뻤다. 출근하며 새로운 환경에 적응하느라 자연스레 삶이 달라졌다. 이전과 같은 빈도로 도꼬를 만날 수는 없게 됐고 그의 집에 놀러 가는 일도 거의 없어졌다.

나는 그 시간 동안 채식에 대해 거의 잊은 채로 살았다. 먼 동네로 출퇴근하는 것만으로도 충분히 바쁘고 피곤했다. 사무실 근처 식당에서 매일 다른 메뉴로 끼니를 때웠고 시간에 쫓겨 대충 건너뛰기도 했다. 물론 한 번도 채식에 대한 생각을 안 한 건 아니다. 아주 간혹 식당에서 메뉴판을 보며 도꼬를 떠올리는 순간도 있긴 했다. 여기서 최대한 고기가 덜 들어간 메뉴가 뭘까 고민하며 쫄면을 시켜보는 날도 있었다. 그렇게 주문한 쫄면에 들어 있는 닭알을 내려다보며 닭을 떠올렸다. 막연한 상상 속의 닭은 널찍한 닭장에서 단단한 횟대에 올라 서 있었다. 닭장의 한구석에는 몇 개의 알이 놓여 있었고 그 누구도 알들을 건드리지 않았다.

이제는 알을 낳는 닭들이 얼마나 좁고 작은 철창 안에 갇혀 있는지 알고 있다. 날개 한 번 펼 수 없는 공간에서 먹고 자고 배설하며 알을 낳아야 하고, 그 알을 뺏기고 또 다른 알을 낳아야 한다는 것도. 철망에 피부가 쓸려 온몸에 피칠갑을 하고 있거나, 알을 너무 많이 낳아서 자궁이 빠져나온 채로 철창 안에서 죽는 닭이 대부분이라는 것을 안다. 지금 와서 쫄면을 먹던 그때를 되짚어 보면 모든 건

천진한 나의 아득한 상상에 불과하다. 하지만 그때는 그냥 그게 내가 가진 전부였다. 나는 농장동물들이 어떻게 태어나고 죽는지에 대해 아는 게 없었고 알고 싶어 하지도 않았으니까. 모르는 게 당연했다.

저 시기의 나는 채식이 나와는 상관없는 일이라고 믿었다. 채식을 시도하거나 하지 않는다는 선택지조차 없고, 채식이 좋거나 나쁘다는 어떤 판단도 내리지 않은 무(無)의 상태였다. 그냥 그런 상태로 쭉 살고 싶었다. 사는 게 팍팍하고 버거워서 어떤 신념이나 가치를 내 삶에 추가하고 싶지 않았다. 이미 많은 걸 포기하고 사는 삶에 또 다른 제약을 두는 게 겁이 났다. 그게 내 일상과 행복을 저해할 거라는 막연한 두려움이 있었다.

아주 평범한
식사 초대

계약직이라 퇴사 날짜가 정해져 있었다. 퇴사가 가까워질 즈음에는 바쁜 일들도 많이 사라진 상태였다. 일 자체가 익숙해진 탓도 있었고 퇴사 예정이라 특별히 신경을 쏟을 업무가 많지 않았기 때문이다. 그때가 되어서야 다시 도꼬와의 만남을 자주 가질 수 있게 됐다. 도꼬와 마리가 함께 사는 집에 놀러 가기 시작했고, 도꼬와 함께 채식 식당을 찾기도 했다.

거의 1년 만에 도꼬와 자주 만나니 많은 것들이 바뀌어 있다는 게 실감이 났다. 그는 비건 생활에 완벽하게 적응한 듯했다. 나는 그런 도꼬가 새삼 낯설었다. 뭔가 멀어진 기분도 들었다. 모든 일상과 삶의 조각이 비거니즘에 맞춰져 있는 친구를 보니 묘한 기분이 들었다. 이전의 도꼬와는 완전히 다른 사람처럼 느껴졌다. 나는 그 한 뼘 정도의 어색함을 잘 살펴보고 싶었다. 그래서 예전처럼 그에게 많은 것들을 묻기 시작했다. 비건을 실천하니 뭐가 가장 크게 달라진 것 같은지, 먹고 싶은 게 있는지, 가족들은 뭐라고 하는지. 궁금한 게 많았다. 도꼬는 내 질문에 전부 답해 주었다. 비건을 실천하는 게 쉽거나 어렵다는 관점과는 무관한 답변들이었다.

"엄격하게 비건을 실천하는 건 쉽지 않아. 하지만 한번 동물을 죽이지 않겠다 결심하고 나면 비건을 하지 않는 게 더 어려울 거야."

그리고 얼마 지나지 않아 출근길에 도꼬에게 연락을 받았다. '저녁을 차려 줄 테니 먹으러 오라'는 연락이었다. 그냥 퇴근하고 놀러 오라고 해도 되는데, 굳이 저녁을 차려 주겠다는 말을 하는 게 어딘가 비장해 보이기도 했다. 맛있는 거 해 주려나. 나는 깊게 생각하지 않고 그렇게 하겠노라 약속했다.

퇴근 후 곧바로 도꼬네 집으로 향했다. 들어가니 온 집안이 맛있는 냄새로 가득했다. 도꼬와 마리는 부엌에서 분주하게 요리를 하고 있었다. 언뜻 봐도 식사 준비에 쓰인 팬과 냄비가 한두 개가 아니었다. 나는 깜짝 놀라서 오늘이 무슨 날인지 머릿속으로 되짚어 보았다. 아무리 고민해 봐도 그저 평범한 주중 저녁일 뿐이었다. 대체 이게 무슨 일이지. 도꼬는 나를 식탁에 앉혔다. 식탁 위에는 금세 진수성찬이 차려졌다. 토란대와 고사리가 가득 들어간 채식 육개장, 곤

드레밥, 두부조림, 무나물 그리고 직접 만든 산딸기 케이크와 다양한 과일까지.

나는 어안이 벙벙한 채로 식사를 시작했다. 방금 지은 따뜻한 밥과 좋은 재료를 한가득 넣고 끓인 얼큰한 국, 고소한 반찬. 그 근사한 한상을 허겁지겁 먹어 치웠다. 도꼬와 마리는 수시로 내게 부족한 게 없는지 물었다. 이렇게 푸짐한 식탁에서 뭐가 부족할 리가 없는 데도 자꾸 물어보며 확인했다. 그리고 밥을 다 먹자마자 곧바로 한 그릇 더 떠다 주었다. 나는 뭔가 이상하다, 무슨 이유가 있는 걸까 생각하면서도 일단 그냥 먹었다.

그렇게 밥 두 그릇을 완전히 비우고 후식으로 딸기와 한라봉, 망고까지 먹었다. 과일 접시도 반 정도 비워갈 때 즈음, 드디어 도꼬가 입을 열었다. 내가 뭔가를 묻지 않았는데도 먼저 말을 꺼내는 모습에 약간 긴장이 되기도 했다. 침까지 꼴깍 삼키며 도꼬의 말들에 귀를 기울였다.

도꼬는 그날 나에게 낙농장의 소가 어떻게 죽는지에 대해 이야기했다. 그들의 짧은 생애와 죽음에 대해 아주 자세히 묘사했다. 소들이 어떤 방식으로 유축을 당하는지, 유축기가 얼마나 잔인하게 생겼는지, 젖이 나오도록 하려고 여성 소의 자궁에 어떻게 정액을 강제 삽입하는지 그리고 더는 젖이 나오지 않는 소는 어떻게 죽는지, 죽어서 어디로 가는지.

그 얘기들을 전부 듣고 나자 멀미하는 것처럼 속이 울렁거리기 시작했다. 물론 아침마다 농장 직원들이 깡통을 들고 가서 소들에게 양해를 구하고 직접 손으로 젖을 쭉쭉 짤 거라고 생각한 적은 없지만, 그래도 이건 심하지 않나 생각이 들었다. 그리고 조심스레 도꼬에게 물었다.

"모든 젖소가 저렇게 죽는다고?"
"호주 낙농장에 대해 말한 건데 호주는 나름 동물복지 잘한다고 하는 나라니까 대부분 저것보다 나쁘지. 그나마 호주농장 동물들은 하늘을 보고 땅은 밟지만, 대다수의 아시아 국가농장 동물들은 하늘도 못 보고 케이지에서 죽어."
"좀 심한데."
"방금 네가 들은 건 그나마 내가 아는 한 덜 잔인한 편이야."

속이 펑 터져버릴 것만 같았다. 처음 느껴 보는 감정이었다. 내 안의 많은 것들이 사라지고, 또 뒤집히는 느낌이 들었다. 그는 멍한 표정으로 앉아있는 내게 다큐멘터리 하나를 추천해주었다. ⟨Dominion⟩. 지배자들이라는 이름의 다큐였다. 그리고 반찬과 과일을 한가득 싸서 챙겨 주었다. 나는 그때 도꼬가 담담한 목소리로 내게 건넸던 말들을 아직도 깊은 곳에 새긴 채 살아가고 있다.

"네가 채식을 했으면 좋겠어. 하지만 나는 너에게 무엇도 강요하지 않아. 왜냐하면 채식은 내가 나에게 하는 강요일 때 가능하거든. 세상이 육식을 기본 설정으로 맞춰 놓아서 채식을 하면 세상의 기본을 누리면서 살 수가 없어. 그걸 전부 감수하면서 대체로 지지받지 못함에도 불구하고, 내가 하는 일이 당연한 일이라고 생각할 수 있으려면 강요도 설득도 자신이 자신에게 해야 해. 인간이 고통을 느끼는 다른 생명을 죽이면 안 된다는 생각이 드는 순간이 분명 올 거야. 그때 네가 눈앞의 돼지를 먹는다고 해도 아무도 몰라. 너만 괴로운 일이야. 그 괴로움을 필사적으로 피해야겠다는 생각이 들 때 시작해."

아주 평범한 식사 초대는 그렇게 끝이 났다. 배는 부르고 머리는 복잡하고 속은 울렁거리는 채로 도꼬네 집 대문을 나섰다.

무언가를
먹지
않는다는 것

 그 무거운 보따리를 들고 집으로 돌아가는 길에, 굳이 핸드폰을 꺼내 추천받은 다큐멘터리를 검색했다. 곧바로 재생하자 축산업의 실태를 여과 없이 보여주는 장면들이 나오기 시작했다. 겨우 20분 정도가 지났을까. 더는 보고 있기가 힘들어서 영상을 종료했다. 심장이 두근거렸다.

 돼지 한 명이 겨우 한 걸음 정도 움직일 수 있는 좁은 축사. 몸을 돌릴 수조차 없이 좁은 곳에서 사료를 먹고 배설하는 돼지들. 그 안에서 짧은 주기로 임신과 출산을 반복하다가 몸이 완전히 망가지고 나면 도축장으로 향하는 모습. 좁은 통로로 돼지들을 몰아넣고 전기 감전봉으로 끊임없이 찌르는 인간들. 통로의 끝에서 칼로 목동맥을 찔려 피를 쏟아내는 돼지들. 피범벅이 된 도살장. 나는 짧은 시간 안에 수없이 많은 죽음을 목격했다. 오랜 시간이 흐른 것 같은 느낌이 들었다. 다큐멘터리의 재생바를 확인했다. 아직 전체 영상의 10분의

1도 채 지나지 않은 상태였다.

집에 돌아와서도 다큐 생각이 뇌리를 떠나지 않았다. 도저히 마저 볼 자신이 없으면서도 며칠 내내 계속 생각했다. 잠깐 봤던 적나라한 광경들이 충격적인 잔상으로 남아 자꾸 눈앞을 맴돌았다. 깊게 생각하느라 마음이 쉽게 진정되지 않아 물을 마시려고 냉장고를 열었다. 문을 열자마자 지난주에 사 놓았던 목살이 보였다. 나는 그 순간 다큐멘터리 속 돼지와 스티로폼 팩 위의 목살이 같은 존재라는 걸 깨달았다. 피 흘리며 고통에 몸부림치던 돼지들과 냉장고 안의 저 차가운 선홍빛 덩어리는 결코 서로 다른 것이 아니었다.

놀라운 순간이었다. 냉장고 안의 음식들을 보는 동시에 살아 숨 쉬는 동물의 모습을 떠올리다니. 소젖 팩과 유축기 안에 묶여 피가 나올 때까지 젖을 짜이는 젖소, 닭알과 계사의 좁은 케이지 안에서 몸부림치는 닭들, 먹다 만 참치 통조림과 그물에 걸려 버둥거리며 고통스러워하는 참치. 너무 당연한 사실인데도 지금까지는 한 번도 해본 적이 없는 연상이었다. 복잡했던 생각이 정리되는 게 느껴졌다.

닭도, 소도, 돼지도 그리고 그 외의 많은 동물도 할 수만 있다면 더 오래, 더 건강하게, 더 행복하게, 더 자유롭게 살고 싶은 욕구를 가진 생명이었는데. 그들도 인간만 아니었으면 걷거나 달릴 수 있었을 거다. 먹고 아이를 낳고 아이에게 자신의 젖을 주고, 하늘을 보고, 햇살 아래서 잠들고, 비가 오면 피하고. 어떤 것이 자신을 행복하게 하는지 분명하게 알았을 텐데. 인간들이 그러하듯. 그걸 알면서도 이것들을 못 먹는 게 아직 두렵고 무섭나. 스스로에게 묻고 답하기를 반복하며, 도꼬의 말들을 곱씹었다.

"너는 그냥 먹고 싶다 정도이지만, 동물은 죽어. 나의 하고 싶음이 남을 죽인다고 생각해 봐. 남을 죽이고 싶지 않으면 내가 하고 싶음을 누르면 돼. 간단하게 생각해. 원래 누렸던 선택지 자체가 없어졌다고 생각하는 거야. 굶는 것도 아니고 다른 것들을 먹으면 되는 건데. 카페 가서 음료 시켰는데 재료가 떨어졌다고 하면 그냥 아메리카노 시키듯이. 선택지가 없어졌다고 생각하면 되는 거 아닐까."

나는 냉장고 문을 닫았다. 그리고 방으로 돌아와 다큐멘터리 대신 다른 영상을 재생했다. 새벽이[1] 생추어리 SNS 계정에 올라온 영상이었다. 다큐멘터리 속에서 처참하게 살해당하던 돼지들과는 다른 모습의 새벽을 보자 형용할 수 없는 감정이 꿈틀거리며 나를 뒤흔들었다. 바나나를 물고 흙바닥을 뛰어 도망가는 새벽의 모습을 수없이 돌려봤다. 멈출 수가 없었다. 쉬지 않고 들판을 향해 뛰어가는 뒷모습. 출렁이는 살과 단단한 다리. 나는 스스로에게 새벽을 먹고

---

[1] DxE코리아 활동가들이 경기도에 위치한 한 종돈장에서 구조한 돼지

싶은지 물었다. 당연히 아니었다. 그럼 다른 존재는 먹을 수 있나. 답은 정해져 있었다. 이미 나에겐 모든 것이 다 새벽이었다. 날개 달린 새벽, 물에 사는 새벽, 조금 더 커다란 새벽, 이제 막 태어난 새벽, 기어다니는 새벽, 두 발로 걷는 새벽, 새벽을 먹는 새벽.

그날 밤 이후로 절대 동물을 먹지 않는 사람이 되기로 마음먹었다. 동물을 먹지 않겠다고 결심하는 일은 뭐랄까. 내게 완전히 새로운 감각을 선사했다. 어떤 진실을 목격하고 느낀 끔찍함을 그저 끔찍함에서 끝내지 않았다는 점이 가장 즉각적으로 와닿았다. 동물들이 겪는 저 끔찍한 고통은 내가 식습관을 바꾸면 줄어드는 거구나. 그렇게 일상의 매 순간이 연대가 되고 실천이 되는 거구나. 낯선 감각이었다. 부당함을 느끼고 현실을 바꾸기 위해 실천해도 쉽사리 바뀌지 않던 지난날의 기억들과는 완전히 달랐다. 먹지 않았다는 건 말 그대로 죽이지 않았다는 거니까. 나는 이 직접적인 연관성이 마음에 들었다. 그렇게 '먹지 않으면, 죽지 않는다.'는 단순한 진실에 기대어 채식주의자로서의 새로운 삶을 시작했다.

초밥도 먹는다니까
구운 채소초밥

✖ 재료

| 토핑
가지 1개
당근 1/2개
식용유
들기름 반 큰술
간장 3큰술
미림(또는 맛술) 1큰술
설탕 1큰술
물 1큰술

| 밥
쌀 1컵 반(250mL)
물 1컵 반(250mL)
식초 3큰술
설탕 2큰술
소금 반 큰술

✖ 조리법

| 토핑
1. 가지와 당근을 0.5cm 두께로 길게 썰기
2. 소금을 살짝 뿌려 10분간 두었다가 요리용 면포로 수분 닦아내기
3. 식용유를 두른 팬에 가지와 당근을 노릇하게 굽기
4. 팬 한쪽에 양념(간장+미림+설탕+물) 조리기
5. 구운 채소를 뒤적이며 양념 입히기

| 밥
1. 씻은 쌀과 물을 밥솥에 넣고 밥 짓기
2. 밥이 되는 동안 초대리 만들기
   - 냄비에 식초, 설탕, 소금을 넣고 약불에 살짝 데우기
   - 설탕이 녹으면 바로 불 끄기
3. 밥이 다 되면 넓은 그릇에 옮기고 초대리를 부어 빠르게 섞기

| 초밥 만들기
1. 손에 물을 살짝 묻히고, 한입 크기로 밥을 뭉쳐 동글게 만들기
2. 밥덩이 위에 가지 또는 당근 올리기
3. 토치로 완성된 초밥을 살짝 직화하기(5~10초)
4. 불맛 입힌 후에 들기름 한 방울 떨어뜨리기

팁 길게 자른 김을 두르면 밥과 채소가 분리되지 않아서 편하게 먹을 수 있어요!

초보 채식주의자

이제는 뭘 먹을 수 있지?

동물을 먹지 않는 사람이 되기로 결심하고 나서는 가장 먼저 주변 사람들에게 알렸다.

"나는 이제 동물을 먹지 않을 거야. 동물성 음식은 전부 다 안 먹어. 우린 이제 같이 치킨을 시켜 먹지도 않을 거고 나랑 같이 삼겹살을 먹는 일도 없을 거야. 해양동물도 마찬가지고 우유나 달걀이 들어간 디저트도 안 먹을 거야."

이 모임 저 모임에 허겁지겁 선언했다. 이렇게 말하지 않으면 내 결심과 실천이 흐려질까 봐 더 서두른 것도 있었다. 쉽게 내린 결정은 아니었지만, 막상 완전 채식을 시작하려고 하니 그 나름의 긴장감도 있었다. 주변의 반응은 가지각색이었다. 불쌍하다고 말하는 사람도 있었고, 응원한다고 하는 이도 있었다. 가장 많이 들었던 말은 이거였다.

"그럼 이제 너랑 만나면 뭐 먹어야 해?"

비건 메뉴가 있는 식당들에 가면 된다고 대답하긴 했지만 대부분 조금은 시무룩해 보였다. 나도 마찬가지였다. 채식은 나와 상관없는 일이라고 생각했던 터라, 식생활을 어떻게 영위해야 하는지에 대한 정보값이 많이 없었다. 그래서 그냥 일단 두루뭉술하게 대답했다. 먹을 수 있는 게 있다고. 다들 잘 먹고 산다고. 일단 그렇게 우기고 봤다.

당당하게 자부한 것과는 달리, 난 채식을 시작한 초기에 하루 세 번의 막막함을 겪어야 했다. 이전과 같은 방식으로 끼니를 때우는 것이 어려워졌기 때문이었다. 편의점과 배달 어플을 아무리 뒤져 봐도 마땅히 먹을 음식이 없었다. 집 근처 식당도 마찬가지였다. 기껏 해야 두세 개의 재료를 빼 달라고 따로 요청한 김밥 아니면 쫄면, 샌드위치 체인점의 베지 메뉴 정도가 전부였다. 평일에는 거의 저 메뉴들로 연명하거나 비건 라면을 끓여 먹었고, 주말에는 약속을 잡고 유명한 비건 식당에 갔다.

그 와중에 주변의 시선과 반응도 일상을 지속하는 데 어려움을 더했다. 가족이나 친구들과 식사할 때마다 비건 옵션이 부족해 굶거나 따로 먹어야 하는 일이 많았다. 그런 상황은 나나 다른 이들 모두에게 머쓱함을 안겨 줬다. 그 불편함 속에서 종종 비건 식단을 이렇게까지 고수하는 것에 대한 과도한 질문이나 편견을 마주했다. 채식주의자가 되기로 선택한 이유를 타인이 납득할 수 있게 설명해야 한다는 부담을 느끼기도 했고, 답변 끝에서 지나치게 엄격한 것이 아니냐는 걱정 섞인 비판을 듣기도 했다. 나는 이러한 분위기 속에서 비건을 실천한다는 게 어떤 건지 점점 실감이 났다. 단순한 식습관 차이를 떠나, 신념을 가지고 실천하는 비건을 유지하려면 강한 의지가 필요하다는 것을 매일매일 새롭게 곱씹어야 했다.

그런 상황이 제법 스트레스로 다가와서였을까. 지금에 와서는 잘 이해가 가지 않는 충동적인 행동을 하기도 했다. 당시 출근하던 회사 동료들에게 갑자기 닭 알러지가 생겼다고 거짓말을 쳤다. 동료들과 자주 먹으러 다니던 메뉴들 중에는 닭으로 만든 요리가 많았다. 닭만 안 먹어도 대부분의 식사 자리를 쉽게 피할 수 있었다. 때로는 거짓말이 들통날까 봐 바짝 긴장하기도 했다. 왜 저렇게까지 했을까 싶기도 하지만, 그때의 나는 도저히 동료들에게 솔직하게 비건을 시작했다는 말을 할 수가 없었다. 정확히는 하기 싫었다는 게 맞을 거다. 안 그래도 업무로 피곤한 공간에서까지 쓸데없는 논쟁이나 질문을 감당하고 싶지 않았다. 실제로 동료들은 알러지라고 하니 더 이상 묻지 않았고, 오히려 걱정을 하거나 아쉬운 반응을 보이기도 했다. 질문이나 논쟁은 피했지만 그렇다고 내 마음이 편한 것도 아니었다. 남을 속인다는 점에서 근본적인 죄책감이 들었고, 거짓말을 해야 한다는 사실 자체에 씁쓸함을 느꼈다. 이런 사연을 듣고 친구 M은 이렇게 말했다.

"그래도 거짓말 하는 게 낫지. 앞에서는 웃을지 몰라도 블라인드[2] 같은 데서 보면 뒤에서는 대부분 다 비건 욕하잖아."

나는 정확히 뭐라고 대답해야 할지 몰라 머뭇거렸다. 아무렇지 않게 툭 던져진 조언 속에는 내가 그토록 피하고 싶었던 것들이 전부 들어 있었다. 거짓말을 합리화하는 나, 뒤에서 무슨 평가를 들을지 모른다는 두려움, '대부분'이라는 모호한 일반화로 인한 불안함, 사실을 말하는 것이 오히려 해가 될 수 있다는 씁쓸한 현실까지. 친구 M의 말은 현실적인 조언처럼 들렸지만, 사실 그 안에는 내가 붙들고 있던 신념들이 조용히 무너지는 소리가 숨어 있었다. 내가 바랐던 게 정말 이런 삶이었을까.

이런 고민이 반복되면서 채식을 한다는 것은 단순히 식습관만 바꾸는 게 아닌 사회적 관계망 안에서 스스로를 새롭게 정의해야 하는

---

[2] 직장인 익명 커뮤니티 앱

문제라는 사실을 직면했다. 마냥 즐겁기만 했던 타인과의 식사 시간이 거짓말과 회피, 불편함과 머쓱함으로 점철되고 나니 일상 속 활력이 사라지는 기분이었다. 자연스럽게 사람들과 거리를 두게 되면서, 동료들과의 식사는 물론 친구들과도 최대한 약속을 잡지 않으려고 했다. 내가 잘못한 것은 아니지만, 나로 인해 식사 자리에서 야기되는 불편함과 번거로움을 견디기 힘들었다. 뭘 먹을 수 있냐고 물어보면서 나만 쳐다보는 눈빛들, 내가 먹을 수 있는 메뉴가 없을 때 흐르는 곤란한 정적, 타협해야 하는 순간들. 이 모든 것으로부터 도망쳤다. 분명히 한 달 전까지만 해도 즐거웠던 사람들과의 식사가 이제는 피해야 하는 또 하나의 과제가 되어버린 기분이었다.

채식을 시작한 지 두 달이 지났을 때 즈음, 주말 오전에 혼자 집에 누워 생각했다. 뭘 먹지. 늘 하던 당장의 점심 메뉴에 대한 고민이었는데 이상하게 이 평범한 고민이 더 답답하고 숨막히게 느껴졌다. 난 이제 뭘 먹을 수 있지? 무엇을 먹어야 할까. 특별한 날이 아니고는 진짜 감자칩만 먹고 살아야 하나. 사람들이 내게 하던 질문이었다. 그로부터 도망치고 있는 주제에 결국 내가 나 스스로에게 같은 질문을 던지고 있었다. 그러니까 이 간단한 질문은 평화로운 채식생활을 위해 내가 반드시 마주하고 해답을 찾아야 하는 아주 중요한 포인트였던 셈이다.

엄격한 번거로움
vs
편안한 죄책감

나는 결국 한계점에 이르렀다. 퇴근하고 곧장 마트로 향했다. 특별히 뭘 사야겠다는 생각보다는 그냥 먹을 수 있는 건 다 사겠다는 마음뿐이었다. 힘차게 카트를 밀고 마트로 들어섰으나, 패기와 달리 내 두 발은 갈 길을 잃은 채로 잠시 망설였다. 늘 향하던 정육, 냉동, 유제품, 즉석식품 코너를 빼고 나니 어떻게 장을 봐야 할지 감을 잡기 어려웠다. 뭘 사야 하지.

채식주의자가 된 후, 마트에서의 장보기는 이전과 완전히 달라졌다. 과거에는 단순히 좋아하는 음식이나 익숙한 브랜드의 제품을 구매하는 것이 전부였다. 하지만 익숙한 제품들을 뒤집어서 후면에 적힌 성분표를 보면 거의 모든 제품에 이제는 먹을 수 없는 것들이 쓰여 있었다. 돼지고기, 쇠고기, 닭고기, 조개류(굴), 우유, 계란. 처음에는 단순히 '고기만' 안 먹으면 될 거라고 생각했으나, 막상 성분표를 보면 생각보다 많은 제품이 동물성 성분을 포함하고 있었다. 겉보기엔 단순한 라면이나 채소 위주의 레토르트에도 육류가 들어갔고, 하다못해 식빵에도 소젖과 닭알이 들어가 있었다. 심지어 감자칩에도 동물성 첨가물이 숨어 있었다. 가장 당황스러웠던 건 젤리에 돼지고기가 들어가 있다는 표시를 봤을 때였다. 젤리 속 젤라틴에 돼지껍데기나 소뼈에서 추출한 젤라틴이 포함되어 있다는 사실을 알고 나서부터는, 무심코 먹던 음식들과 매 순간 작별해야 한다는 게 실감났다. 현실을 받아들이고 나서는 제품을 고르기 전에 반드시 성분표나 알리지 표기를 확인하는 습관이 생겼다. 물건을 고르고 자연스럽게 후면의 성분표부터 차근차근 읽었고, 그러다가 새로운 비건 제품을 찾아내면 뛸 듯이 기뻐했다.

물론 복잡한 성분을 일일이 확인하기보다는 비건 인증 마크가 있는 제품을 우선적으로 찾았다. 하지만 모든 비건 제품이 인증을 받는 건 아니기 때문에 마크가 있는 제품만 구매하는 건 분명한 한계가 있었다. 풍요로운 비건 생활을 위해서는 성분표 읽는 법을 반드시 알아야만 했다. 처음에는 어렵다고만 생각했지만, 점점 어떤 브랜드와 제품이 비건친화적인지 알게 되면서는 비건 제품 찾기에 재미를 붙이기도 했다. 시간을 들여 꼼꼼하게 확인할수록 성분표 읽기는 점점 익숙한 일상이 되어 갔다.

육류 및 해산물

  돼지고기, 닭고기, 소고기뿐만 아니라 해양동물 또한 식단에서 제외해야 했기 때문에 어류 추출물, 멸치 분말, 조개 분말, 새우 가루 등이 포함된 제품을 전부 걸렀다. 특히 국물 맛을 내는 라면이나 즉석식품 및 육수 제품에 이런 성분이 자주 들어가 있다. 감칠맛을 낸다는 이유로 조개류(굴)가 포함되는 경우도 종종 있기 때문에 잘 확인해야 한다.

유제품

  겉보기에는 채식주의자도 먹을 수 있는 것처럼 보이는 제품도 유제품이 포함된 경우가 많다. '우유'라는 이름으로만 존재하는 것도 아니다. 분유, 유청, 카제인, 락트알부민, 유당이라는 이름으로 성분이 적혀 있다. 기본 식빵이나 크래커도 순수 탄수화물 제품이 아니라 유청이나 카제인이 들어있는 경우가 많다.

닭알

  비건 식단에서는 닭알도 제외해야 한다. 난백(흰자), 난황(노른자), 전란분(닭알 가루) 같은 성분이 있는지 잘 살펴보자. 특히 면이 포함되어 있는 제품을 주의해야 한다. 파스타면이나 라면, 과자를 살 때 반드시 확인하고 구매하는 걸 추천한다.

동물성 첨가물

앞서 언급한 젤라틴처럼 의외로 많은 제품에 동물성 첨가물이 포함되어 있다. 젤리나 마시멜로우는 물론이고 감자칩이나 과자류에도 유지방이나 닭알 레시틴 등의 성분이 들어 있다. 또한, 조미료 'L-시스테인'이나 '비타민D3'와 같은 성분 또한 동물성인 경우가 많다.

'L-시스테인'은 주로 밀가루 반죽을 부드럽게 하는 역할을 한다. 단백질을 구성하는 아미노산 중 하나일 뿐이지만, 문제는 이를 닭털이나 오리털에서 추출하는 방법이 일반적이라는 점이다. 그 방법이 가장 비용이 저렴하고 대량 생산이 가능하다는 이유로 오래 전부터 닭털에서 추출되는 경우가 많다.

'비타민D3'는 주로 영양 강화제로 사용된다. 시리얼이나 건강 보조제, 두유에서 많이 발견된다. 비타민D3는 보통 양모(양의 털)에서 추출한 라놀린에서 얻는다. 양털 기름에서 해당 성분을 분리하고 정제하는 게 일반적인 공급 과정이다. 물론 일부 브랜드는 균류의 공생체에서 추출한 비건D3를 사용하고 있다. 하지만 여전히 대부분의 제품에는 양털에서 추출한 D3가 많기 때문에 주의할 필요가 있다.

이전에는 쉽게 지나쳤던 생소한 성분들이지만, 비건을 실천하는 이들에게는 동물성 첨가물의 유무가 매우 중요한 포인트 중 하나다. 어떤 성분이 포함된 제품을 사는 것을 그 성분이 만들어지는 방식에 대한 간접적인 동의로 여기기 때문이다. 그래서 모호한 성분이 들어간 제품은 피하는 경향이 강하다. 의도하지 않은 소비조차도 신념과 충돌할 수 있으니, '모르고 먹는 일'을 최대한 피하려는 것이다. 이토록 번거롭게 성분 하나하나를 확인하는 건, 선택과 소비에 책임을 지기 위한 의식적이고 신중한 태도다.

벌꿀 및 동물성 감미료

비건 식단에서는 당연히 꿀도 제외된다. 벌에게서 꿀을 빼앗는 과정을 착취라고 인식하기 때문이다. 때문에 벌꿀, 프로폴리스, 로열젤리가 포함되었는지도 상세히 확인한다. 일부 음료나 간식류에도 동물성 감미료인 셸락[3]이나 카민[4]이 들어 있으니 더욱 신중하게 확인할 필요가 있다.

성분표를 신중하게 읽고도 확신이 들지 않으면 해당 제품을 생산한 제조사의 고객센터에 전화해서 문의해야 하는 경우도 있다. 많은 채식주의자들이 고객센터에서 들은 정보를 서로에게 공유하며 엄격한 비건 생활을 유지한다. 어떤 제품이 비건인지, 혹은 비건이었던 제품이 리뉴얼되면서 더 이상 비건이 아니게 되었는지 확인하고 서로에게 알려준다.

---

3 인도, 미얀마 등지에 분포하는 락 깍지벌레의 분비물. 옅은 누런색 진을 정제, 표백하여 바니쉬 등의 재료로 쓰인다.
4 중남미 사막의 선인장에 기생하는 곤충인 깍지벌레에서 뽑아 정제한 붉은 색소

마트에서 성분표를 확인하는 것은 이제 내게 더 이상 어려운 일이 아니다. 물론 쉬운 일도 아니다. 솔직히 말하자면 여전히 번거롭고 조금 귀찮은 일이다. 그냥 구매해도 될 상품을 이제는 집어들자마자 뒤집어서 작은 글씨로 적힌 성분을 하나하나 읽어야 한다. 바쁜 일상 속에서 장보는 시간마저 끝없이 길어질 때는 말 그대로 피로를 느끼는 날도 있다. 하지만 그냥 대충 사 버릴 수는 없다. 내게 그것들은 더 이상 상품이 아니기 때문이다. 모르고 먹으면 괜찮다는 합리화를 하기에는 내가 할 수 있는 것들이 또렷하게 존재한다.

피로를 떨쳐 내고자 성분표를 확인하는 절차를 무시한다면 그날의 장보기는 쉽고 편할 것이다. 하지만 편안함의 대가는 죄책감이다. 누군가의 생존을 무시했다는 죄책감. 할 수 있는 일을 하지 않았다는 자괴감. 어쩌면 이 번거로움은 응당 감당해야 할 책임일 것이다. 그리고 불편함을 감수하면서도 더 나은 선택을 할 수 있는 기회일지도 모른다. 나는 앞으로도 수많은 선택의 순간마다 번거로움을 기꺼이 이고 지며 살아가고 싶다. 약간 더 귀찮더라도 스스로의 신념에게 떳떳한 삶을 살기 위해서.

다이어트
아니라고요

 나는 평생을 비만 여성으로 살아왔다. 단 한 번도 체격이 작거나, 사람들이 말하는 미용 및 정상 체중이었던 적이 없다. 한국 사회에서 뚱뚱하게 살아간다는 건 그 자체로 지겨움을 동반하는 일이다. 양육자에게 몸의 형태에 대한 평가와 지적을 끊임없이 받아야 하고, 친척들에게 걱정을 빙자한 비난을 당해야 하고, 오랜만에 만난 친구에게 건강에 대한 조언을 들어야만 하고, 모르는 사람으로부터 인신에 대한 공격과 조롱을 당하기도 한다. 최초의 기억이 있는 나이부터 현재 시점까지 언제나 그랬다. 스스로가 자신의 몸을 들여다보고 판단하거나 긍정할 만한 틈 자체를 주지 않는다. 온 사회가 뚱뚱한 사람의 삶에 말을 얹는다. 마치 그들에게는 그래도 된다는 것처럼.

 난 그 모든 말에 상처받지 않고 휘둘리지 않기 위해, 아주 오랜 시간 동안 많이 고민하고 스스로를 설득해야 했다. 아무리 고민해봐도 마른 몸을 가지고 싶기보다는 커다랗고 두툼한 몸을 사랑하고 싶었다. 그래서는 안 된다는 말들로부터 도망쳐서, 나만의 시선으로 있는 그대로의 내 몸을 내려다보고 싶었다. 다행스럽게도 성인이 되고 나서는 그럴 수 있는 여유가 생겼다. 일단 자취를 시작하면서 평생 내게 달라붙어 있던 타인의 시선으로부터 벗어나게 됐으니까. 그때부터 많은 것들이 제 리듬을 찾아갔다. 한국 사회에서 큰일이 날 것처럼 요란을 떠는 비만인의 삶도 크게 다를 것이 없었다. 아주 평범했다. 어떤 해에는 살이 찌기도 했고 그만큼 빠지는 시기도 있었다. 바빠서 건강이 나빠지던 때도 있었지만, 곧 의식적으로 회복을 도모하여 건강을 되찾기도 했다. 누구나 그렇듯이.

하지만 채식주의자가 되고 나서 다시금 그 평범한 일상이 '다이어트'라는 말로 뒤덮였다. 채식을 실천하기로 했다고 털어놓으면, 10명 중 6명이 이렇게 물었다.

"다이어트 해?"

가족들은 내 자초지종을 듣지도 않고 마냥 기뻐했다. 드디어 우리 딸 입에서 살을 빼겠다는 소리가 나오는구나. 행복해 보였다. 나는 들뜬 표정의 부모에게 채식의 계기가 결코 체중 감량이 아님을 차분히 설명했다. 돌아온 대답은 더 가관이었다. 그래도 채식하면 좀 빠지겠지. 그 실체 없는 확신에 대고 딱히 할 만한 대답이 없었다. 비슷한 소리를 하는 친구들도 있었다. 채식하면 건강해지지 않을까. 나는 구구절절 대답하는 대신 행동으로 보여 주기로 했다. 마침 끼니 때였고, 나는 소면을 한 움큼 삶아 비건 비빔국수를 만들었다. 너 채식한다면서? 응, 이거 채식 맞아. 고기 안 들어가잖아. 담담하게 대답한 후, 앉은 자리에서 한 그릇을 전부 다 먹어 치웠다. 친구들은 그런 내 모습을 몇 차례 보고 나서야, 채식이 샐러드만 먹는 게 아니라는 사실을 알았다. 분명히 평소에 먹던 채식 메뉴가 있을 텐데, 사람들은 그것들로만 가득한 식탁을 상상하는 일을 유난히 어려워했다. 나는 이해를 돕고자 몇몇 예시를 들어 주었다. 밥, 된장찌개, 감자튀김, 매운 떡볶이. 그러자 대부분의 주변인은 종차별에 반대하는 것과 체중 감량이 그다지 큰 상관이 없다는 걸 곧바로 이해했다.

이외에도 오해는 다양했다. 주변인들은 내가 조금이라도 살이 빠지면, 채식을 해서일 거라고 추측했다. 그러다가 다시 살이 오르면, 채식하느라 탄수화물을 너무 많이 먹은 게 아니냐고 묻기도 했다. 바빠서 퀭하게 지내던 시기에는, 은근슬쩍 '이래서 단백질을 먹어야 하는데.'라는 말을 자주 들었다. 처음에는 채식을 시작한 초기라서 그런 걸까 생각했다. 삶 속에서 나름 큰 변화를 시도한 만큼, 주변인들도 내 변화에 대해 충분히 함께 체감하고 판단할 수 있는 거니까. 하지만 채식주의자가 된 지 수 년이 지난 지금도 여전히 비슷한 말들을 듣고 있다. 나는 이제 그 모든 반응이 무척 흥미롭고 신기하다. 몸의 변화는 모든 사람에게 일어나는 지극히 평범한 일이고, 이 변화들은 내가 채식을 실천하기 전에도 전부 동일하게 존재했던 것들인데. 왜 갑자기 변화의 모든 원인이 채식이 되었을까. 피부에 직접 닿아 오는 오해와 편견 속에서 무언가 더 또렷해지는 것을 느꼈다.

생각해 보니 재미있는 예시들이 사방에 깔려 있었다. 채식주의자들 사이에서도 채식을 시도하게 된 계기와 이유는 무척 다양한데, 그중에는 '건강을 위해서' 채식 식단을 선택한 사람들도 제법 많다. 그들은 수 년 혹은 더 긴 시간 동안 채식을 실천하고 몸의 변화를 체감하며 건강을 관리한다. 매년 건강검진을 받아 봐도 별다른 이상이 없다는 경우가 대부분이다. 그런가 하면 항간에는 채식을 하면 '건강이 나빠진다.'고 말하는 사람들도 있다. 단백질이 부족하고 그로 인해 몸의 균형이 흐트러진다는 게 그들의 주장이다. 이 상반된 의견 두 개가 공존한다는 사실이 많은 것을 말해 준다고 생각한다.

도대체 채식의 진실은 무엇일까? 나는 의사나 전문가는 아니지만 한 가지는 확실하게 말할 수 있다. 건강이 좋아지거나 나빠진 것의 원인은 채식이 아니다. 누군가 채식을 한 후로 건강이 나빠졌다고 하더라도, 그건 채식 탓이라고 보기 어렵다. 그냥 영양이 불균형한 식단을 섭취한 탓이다. 감자튀김이 비건이라고 해서 그것만 먹는데 몸이 건강해질 리가 없다. 물론 이는 비채식인에게도 적용되는 너무나도 당연한 인과관계다. 충분한 칼로리와 영양을 섭취하지 않으면 그 무엇을 먹더라도 몸의 균형은 무너지게 되어 있다. 영양을 고려한 식단으로 규칙적으로 식사하기만 한다면 고기를 먹지 않기로 선택한 것과 건강은 크게 상관이 없다.

나는 여전히 내 모습 그대로 살아가고 있다. 작은 계기로 살이 조금씩 쪘다가 빠지고, 건강의 위협을 느꼈다가 또 다양한 방식으로 노력해서 건강을 회복한다. 때때로 식단을 조절하거나 운동을 하는 시기도 있으며, 건강검진을 받고 의사에 조언에 따라 생활 습관을 바꾸기도 한다. 특별할 게 없는 지극히 평범한 현대인의 삶이며, 내가 고기를 먹지 않는 것과는 무관한 일이다. 앞으로도 이 사실은 아마 크게 달라지지 않을 거다. 그리고 나는 내 스스로가 여전한 만큼 세상의 많은 것들이 쉽게 변하지 않는다는 걸 이제는 안다. 오해와 편견이 완전히 사라지기까지는 아주 오랜 시간이 필요할 것이다. 하지만 반대로 생각해 보면, 내가 바뀐 만큼 세상도 꼭 변한다는 얘기가 아닐까.

요즘은 채식을 탓하며 내 몸과 삶을 평가하는 말을 듣게 되더라도 아무렇지 않게 넘긴다. 이미 오해할 준비가 되어 있는 사람과 긴 대화를 이어가며 피로감을 축적하고 싶지 않다. 채식 홍보대사처럼 굴면서 자동 응답기처럼 같은 말을 하는 것도 지쳤다. 대신 그런 말을 들은 날에는 걷고 뛰거나, 자전거를 탄다. 땀 흘린 몸을 깨끗하게 씻고 두유나 비건 영양제를 먹은 후에 푹 잔다. 채식주의자의 삶이 오랫동안 건강하게 유지되는 모습을 보여 주겠다는 다짐을 한다. 오해를 없애거나 부수고 해명하는 게 아니라, 저 견고한 오해로부터 나의 긍정과 신념을 지켜내겠다는 마음으로.

지속 가능한
실천

　마트에 가면 가장 먼저 채소 코너로 향한다. 매대 안쪽 가습기에서 하얗게 뿜어져 나오는 수증기 사이를 걸으며 신나는 마음으로 장을 본다. 여러 종류의 버섯, 두부와 콩나물, 각종 채소까지. 다양한 재료들로 카트를 가득 채우고 나면 마트 구석구석을 뒤져 비건 인증 마크가 붙은 파스타 소스나 냉동 채식 만두를 찾아낸다. 유명한 식물성 조미료까지 야무지게 챙겨 담는다. 그리고 집으로 돌아와 느타리 두루치기를 만든다. 가끔 양념장 계량에 실패하기도 하지만 남기지는 않는다.

　나는 채식을 시작하며 겪었던 모든 과정이 내게 '회복'이었다고 생각한다. 뭘 먹어도 허하고, 먹고 나면 후회하기 바쁘던 지난날의 식사. 그런 불규칙 속에 방치되어 있던 삶. 나는 비건을 실천하고 식탁을 스스로 꾸려 나가면서 오랜 습관들을 버릴 수 있었다. 건강한 재료로 직접 음식을 만들고, 치우고, 또 장을 보고, 새로운 요리에

도전하면서. 다른 존재를 위해 실천하기 시작한 비거니즘이 내 일상까지 완전히 전복시킨 것이다.

간혹 내게 이렇게 묻는 사람들이 있다.

"좀 건강해졌어? 뭐가 달라졌어? 살은 빠졌어?"

저 질문에 혈압이나 염증 수치와 같은 숫자를 가져와 답할 수도 있겠지만, 그러고 싶지는 않다. 내가 겪은 변화는 그보다 훨씬 폭넓은 개념의 '건강'이고, 그 이상의 '가치'였다. 신념을 가지고, 꾸준히 무언가를 실천하며, 스스로 삶을 유지해 나가는 단단한 힘을 가지게 된 것. 나는 앞으로도 이 힘을 믿고 천천히 앞으로 나아가고 싶다.

앞서 말했듯이 채식은 내가 나 스스로에게 하는 강요와 같다. 비건을 실천하면서 가장 크게 마주했던 벽은 먹을 게 없는 메뉴판도 아니고, 사람들의 편견도 아니었다. 가장 어려운 건 지속 가능한 실천을 위해서 내 신념을 오로지 '스스로' 지켜내야 한다는 점이었다. 번거로움을 감수하면서도, 내가 하는 실천이 지극히 당연한 일이라고 생각할 수 있기 위해서는 강요도 설득도 자신이 자신에게 해야 한다. 인간종으로서 다른 고통을 느끼는 다른 종을 죽이고 싶지 않다는 마음을 홀로 지켜 내며 매일을 사는 것이다. 도꼬의 말대로 어느 날 아무도 몰래 갑자기 눈 앞의 닭을 먹는다고 해도 내게 큰 일이 생기거나 벌을 받는 것도 아니다. 그냥 나 혼자 괴로운 일이다. 그 괴로움을 필사적으로 피해야겠다는 생각이 들 때 시작하고 꾸준히 실천할 수 있다. 나의 반성은 내가 하는 것이므로.

물론 결심한 것들을 엄격하게 지킬 필요는 있지만, 지속 가능한 실천을 위해서 완벽해야 한다는 강박을 내려놓는 것도 중요하다. 모든 것을 철저히 지키고 영양까지 완벽하게 챙기려고 하다 보면, 지치는 순간이 오기 마련이다. 나 역시 지치고 힘들 때는 그냥 비건 라면 두 봉지를 끓여 먹고 드러누워 자버린다. 여전히 남들과 함께 있는 불가피한 상황 속에서 작은 타협을 하고 마음이 괴로워질 때도 있다. 하지만 중요한 것은 포기하지 않고 꾸준히 나아가는 것이다. 덮쳐오는 죄책감이나 자괴감에 매몰되지 않고 다시 더 나은 선택을 하기 위해 일어선다. 스스로의 신념에 엄격한 기준을 가져다 대면서도 반드시 너그러움과 관대함을 함께 베풀어야 한다. 그렇게 지치지 않고 작은 실천들을 쌓아 나갔을 때, 천천히 제 속도에 맞춰 삶의 가치를 만들어 내는 지속 가능한 실천으로 이어질 수 있지 않을까.

스크램블도 먹는다니까

순두부 비건 스크램블

✖ 재료

순두부 1팩(틀에 압착하지 않은 몽글 순두부를 사용하면 더 맛있어요)

다진 마늘 반 큰술

소금 한 꼬집

올리브오일 1큰술

두유 1큰술

후추 약간

쪽파

✖ 조리법

1 순두부를 꺼내 체에 올리고 20분간 물기 빼기
2 키친타올이나 조리용 면포로 눌러서 남은 물기 제거하기
3 숟가락으로 살살 으깨면서 크고 작은 조각으로 만들기
4 팬에 올리브오일을 두르고 약불로 달군 후, 다진 마늘 볶기
5 순두부를 넣고 중불에 볶으며 남은 수분 완전히 날리기
6 질감이 고슬고슬해지면 두유 1큰술 넣어서 고소함 더하기
7 소금과 후추로 간을 맞추며 원하는 만큼 잘게 부수기
8 그릇에 덜어내고 다진 쪽파를 올려 마무리

팁 밥 위에 얹어 덮밥처럼 먹어도 좋아요!
취향에 따라 살짝 눌러 굽듯 볶거나, 두유를 더 넣어서 부드럽게 조리해도 좋아요!

다채로운 채식 한 끼

수직 상승한 요리 실력

나는 본디 '요리'라는 행위 자체를 좋아하는 사람이다. 채식을 실천하기 전부터도 그랬다. 요리를 좋아하는 부모 덕에 무슨 일이 있어도 식사를 게을리하지 않는 환경에서 자랐고, 성인이 되기도 전에 자취를 시작했으니 내게 요리는 살기 위한 필수적인 행위에 가까웠다. 다행스럽게도 나는 재료를 고르고, 자르고, 썰고, 볶고, 끓이거나 쪄서 그릇에 담아내는 모든 순간을 즐거워하는 타입이었다. 완성도 있는 음식을 만들고 먹을 때마다 크고 작은 성취를 느끼고 만족감을 얻어가는, 기질적으로 요리가 몸과 마음에 걸맞는 사람.

비건이 되고 나서는 '요리'라는 행위 자체가 그 어느 때보다 큰 의미로 다가왔다. 시중에서 쉽게 구할 수 있는 음식들 중엔 비건이 많지 않았고, 급격하게 선택지가 제한적인 일상을 보내게 됐으니까. 결국 먹고 싶은 게 있다면 내가 직접 만들어야 한다는 결론에 닿기까지는 그리 오랜 시간이 걸리지 않았다. 처음엔 막막하기도 했다. 좋아하던 음식들을 비건식으로 바꾸려다 보니 생각보다 난관이 많았다. 가장 핵심이 되는 재료가 부재하는 경우도 있었고, 국물 요리는 베이스를 완전히 다르게 만들어야 했다. 대충 재료 몇 개를 제외하는 식으로 요리를 했을 때는 만족스러운 맛이 나오지 않아서 아쉬웠다. 평소처럼 인터넷에 레시피를 검색해 봐도 비건식 레시피를 올려 놓은 게시글이 한정적인 경우가 많았다.

하지만 그랬기 때문에 요리 실력이 급격하게 성장할 수 있었다. 단순히 끼니만 때우기 위해서가 아니라, 진짜로 내 입맛에 맞는 맛있는 음식을 만들어야 했기 때문이다. 모든 채식주의자가 그렇지는 않겠지만, 내게는 정말 중요한 일이었다. 비건이 됐다고 해서 맛있는 음식을 먹는 즐거움을 포기하고 싶지 않았으니까. 요리는 내 삶을 풍요롭게 만들기 위한 가장 쉬운 행위이자 나의 오랜 취미였다. 그래서 나는 꼭 나 스스로 맛있는 비건 요리를 만들어 먹을 수 있는 채식주의자가 되고 싶었다.

처음으로 요리를 하면서 머리를 썼다. 인터넷에 검색만 하면 쏟아져 나오는 레시피들을 보고 그대로 따라하던 때와는 완전히 달랐다. 단순히 남이 이미 시도해 본 방식을 따라하는 게 아니라 요리의 본질을 알기 위해 노력했다. 이 음식에는 왜 이 재료가 들어가는지, 그 재료가 대체 어떤 역할을 하는지 이해하려고 했다. 그렇게 다양한 식재료를 연구하고, 감칠맛을 내는 방법을 찾기 위한 여러 번의 시도가 있었다. 재료 자체로 강한 감칠맛을 가진 표고버섯, 된장, 토마토와 같은 재료들을 우선적으로 공부했다. 그걸 바탕으로 버섯을 구워서 채수를 우려내는 법, 된장을 기름에 한 번 볶은 후에 끓여 내는 된장찌개 레시피, 토마토를 으깨서 한식에 조합하는 법 등을 알게 됐다.

좋아하는 식감과 풍미를 적절하게 조합하는 감각도 천천히 키워 나갔다. 씹는 맛과 질감을 살리기 위해 버섯, 두부, 템페, 콩단백[5]과 같은 재료들을 끊임없이 구입했다. 한평생 그냥 끓는 물에 데치거나 기름에 구워 먹기만 했던 두부를 수십 가지의 방법으로 다르게 요리했다. 순두부를 으깨고 볶아 두부 스크램블을 만들었고, 믹서기에 되직하게 갈아서 크리미한 소스로 활용했다. 아주 단단한 두부로 비건 패티를 만들거나 두부를 바싹 튀겨서 강정을 만들어 보기도 했다. 또한, 잘게 부순 견과류를 양념에 섞어 영양과 식감을 둘 다 챙기는 법도 익혔다. 이런 과정을 거치면서 자연스레 요리 실력이 늘었다. 다양한 시도와 도전을 통해 재료 고유의 특성을 이해하게 되었고, 이를 즉흥적으로 변형하여 또 다른 맛을 만들어 낼 수 있는 진짜 요리 실력이 생긴 것이다.

---

5 대두에서 지방과 탄수화물을 제거하여 추출한 순수 콩 단백질

맛있는 비건식을 만들기 위해 고민하고 실험하는 과정은 이전과는 완전히 다른 즐거움을 주었다. 원래 익숙하게 쓰던 재료라도 조리법에 따라 다른 맛을 낸다는 사실을 알게 되면서, 내가 사랑하는 '요리'라는 세계가 무한히 확장될 수 있는 영역이라는 깨달음을 얻었다. 전에 먹어 보지 못했던 음식, 시도해 본 적이 없는 레시피, 낯설고 신기한 맛, 처음 보는 재료. 나는 번뜩이는 미식의 세계를 스스로 만들어 가며 비로소 자유로운 요리사가 된 기분이 들었다. 그때부터는 요리가 말 그대로 하나의 놀이가 됐다. 낯선 채소를 발견하면 손질법과 조리법이 궁금해졌고, 어떤 방식을 거쳐 최종적으로 그릇에 담아내면 좋을지 고민했다. 과정 자체를 즐기며 요리하고 먹는 행위에서 소소하지만 확실한 성취감을 찾아냈다. 무엇보다 '반드시 필요'하다고 생각했던 것들이 사실은 얼마든지 대체 가능한 영역이며, 심지어 더 맛있는 방향으로 전환되거나 확장될 수 있다는 걸 깨달았다. 이건 도덕적 만족감이나 죄책감에서 벗어나는 것 이상의 일이었다. 비건 요리는 내게 창조적인 영역에서의 자유를 주었다. 제한이 있을 것이라 생각했던 세계가 오히려 넓어지는 경험은 작은 혁명과도 같았다.

 요리를 할 때는 오감을 사용해야 한다. 채소를 다듬을 때 손끝에 느껴지는 단단하고 거친 감촉, 칼이 도마에 규칙적으로 닿으면서 나는 단단한 소리, 뜨거운 기름에 재료를 넣을 때의 향, 재료가 어떤 색으로 변하며 익어가고 있는지 확인하고 접시에 담아내는 순간, 식탁에 앉아 음식을 맛보았을 때 입안에서 펼쳐지는 다채로운 맛. 나는 이 오감을 총동원하는 작업에서 더 이상 그 누구도 죽이고 싶지 않았다. 내 감각의 만족을 위해 다른 존재의 고통을 요리하지 않아도 된다는 사실만큼 기쁘고 즐거운 일이 있을까.

나는 앞으로도 남은 삶 내내 즐거운 마음으로 요리할 것이다. 그리고 그 과정에서 누구도 착취하지 않을 것이다. 희생과 죽음을 할 수 있는 한 최소화할 것이다. 이것이 내가 요리를 사랑하는 방식이다.

비거나이징[6]은
기세야

 많은 사람들이 기존의 익숙한 맛들을 포기해야 할 거라는 두려움에 채식을 시도하기를 망설이고 있으리라 생각한다. 그건 지극히 평범하고 자연스러운 우려다. 채식인의 선택지는 협소할 거라는 세상의 편견은 무척 공고하고, 나 또한 그것을 의심하지 않고 그대로 믿었었다. 아주 솔직한 얘기를 해 보려고 한다. 그때는 아무한테도 말하지 못했던 혼자만의 괴로움에 대해 털어놓고 싶다. 그래야만 내가 뒤에서 하려는 이야기들이 더욱 생생하게 읽힐 테니까.

 주변을 둘러보면 간혹 그런 사람들이 있다. 애초에 고기를 좋아하지 않았다거나, 자극적인 음식이 몸에 맞지 않아 자연식물식을 즐기는 사람들. 혹은 비건을 실천하기로 결심하자마자 고기 생각은 나

---

6 비건이 아닌 음식에서 동물성 식재료를 빼고 비건으로 만드는 일

지도 않았다는 사람. 애석하게도 난 그런 사람은 아니었다. 채식을 실천한 지 꽤 시간이 지난 지금도, 나는 과거의 내가 어땠는지 또렷하게 기억한다. 나는 내 두려움의 크기만큼 아주 평범한 사람이었다. 귀찮고 번거로운 것보다 편리한 것을 좋아하고, 낯선 것들보다 익숙함을 추구했다. 나는 채식을 시작하며 처음으로 그 평범함이 버거웠다. 신념을 가지고 변화하기로 결심했다고 해서 원래의 성향까지 한순간에 바뀌는 것은 아니었다.

나는 타고난 성격도 그렇지만, 특히 식생활에 있어서는 극도로 자극과 쾌락을 추구하던 타입이었다. 배달 어플의 주문 버튼을 누른 후 음식이 내 눈앞에 도착하기까지 30분이 넘지 않기를 바랐고, 맵고 뜨거운 음식을 먹으며 스트레스를 풀었으며, 이미 수차례 먹어서 입에 완전히 익숙해진 맛들을 가장 좋아했다. 그리고 귀찮다는 이유로 온종일 굶다가, 갑자기 아주 많은 양의 음식을 한꺼번에 먹기를 즐겼다. 그 시절에는 이 모든 식습관을 '자유'라고 불렀다. 나만의 불규칙 속에서 찾아낸 짜릿한 자유.

그래서일까. 나는 비건을 실천하기로 결심하고, 꽤 오래 괴롭기도 했었다. 오랜 습관과 삶의 관성 속에서 나를 만족시켜 주던 것들을 그리워했다. 학교 후문의 쌈밥집에서 팔던 닭볶음탕, 자주 배달시켰던 짬뽕, 줄을 서서 사 먹던 마카롱, 시도 때도 없이 만들었던 간장 닭알밥. 좋아하던 맛들이 그리웠다. 먹을 수 없다고 생각하니 더 고통스러웠다. 먹지 않기로 단단히 결심했고, 그 계기가 결코 가볍지 않았음에도 불구하고 그랬다. 일상 속에서 불쑥불쑥 아는 맛을 떠올리고 상상했다. 신념을 가지고 실천을 할 수는 있어도, 욕구까지 컨트롤할 수 있는 건 아니라는 걸 그때 처음 실감했다.

심지어 그런 스스로가 싫었다. 내가 그리워하는 음식들이 어떻게 만들어졌는지 알게 됐으면서, 편리하고 빠르게 채워진 식탁의 뒷면을 봤으면서. 왜 아직도 과거의 습관과 취향에서 단호히 벗어나지 못할까 자책했다. 뇌에게 협조적으로 굴지 않는 혀가 원망스러웠다. 그리고 무엇보다 이 괴리와 괴로움에 대해 아무에게도 말할 수 없다는 점이 가장 괴로웠다. 지금 와서는 그냥 주변에 솔직하게 털어놓아도 좋았을 것 같다는 생각이 들지만, 당시의 생각은 나름 확고했다. 채식을 실천하지 않는 친구들에게 이토록 괴로워하는 내 모습을 보여주고 싶지 않았고, 채식주의자 친구들 앞에서 동물성 음식을 먹고 싶어 미칠 것 같다는 말을 하기는 더더욱 싫었다. 유난스럽게 보이고 싶지 않다는 마음이 컸다. 변화를 의연하게 받아들이고 다짐을 잘 지켜내는 사람처럼 보이고 싶었다. 왜 그렇게 오기를 부렸는지는 잘 모르겠다. 사실 모든 실천은 스스로에게 하는 약속이니, 남이 어떻게 보든 상관이 없는 문제인데.

아무튼 그 몸서리를 치던 시기의 어느 날, 나는 잠에서 깨자마자 순대볶음을 먹고 싶다는 생각을 했다. 말 그대로 눈을 뜨자마자 그 맛을 떠올렸다. 벌겋고 진득한 양념과 들깻가루에 버무려진 순대볶음. 엄청 좋아하거나 눈에 띄게 자주 먹던 음식도 아니었는데, 갑자기 떠올린 순대볶음은 내 머릿속을 떠날 생각이 없어 보였다. 나는 누운 채로 침을 꼴딱꼴딱 삼켰다. 사진이라도 찾아보려고 포털 창에 순대볶음을 검색했다. 가장 상위에 뜬 블로그를 눌러서 찬찬히 스크롤을 내렸다. 준비할 재료, 양념장 레시피.

고추장, 고춧가루, 진간장, 청주, 설탕, 다진 마늘, 생강, 들깻가루, 깨, 후추, 물.

나는 몸을 일으켜 세웠다. 그리고 몇 번이나 다시 읽어보았지만 양념장 레시피에 동물성 식재료는 없었다. 더 고민할 것도 없이 침대에서 빠져나와 부엌으로 향했다. 찬장과 냉장고 속을 확인했다. 모든 재료가 집에 있었다. 조금 이상하게 들릴 수도 있겠지만, 나는 그 순간 심장 박동이 살짝 빨라지는 것을 느꼈다. 아마 이 지난하고 답답한 그리움을 곧 해결하게 될 거라는 사실을 직감했던 것 같다. 한평생 만들어 먹게 될 거라고는 생각도 해본 적 없었던 확신의 외식 메뉴. 순대볶음. 내가 그걸 만들게 되다니. 심지어 순대 없는 순대볶음을.

양배추와 버섯, 양파, 당근을 썰어서 기름을 두른 팬에 볶았다. 양배추의 숨이 완전히 죽고 겉이 살짝 노르스름하게 타기를 기다렸다. 그 위로 완성된 양념장과 불린 당면을 넣고 충분히 볶아 준 후, 들깻가루와 깻잎으로 마무리했다. 요리가 거의 완성되어갈 즈음 본능적으로 알았다. 아, 냄새가 똑같다. 이거 그 맛이구나. 한 시간 전의 내가 서글픈 마음으로 그리워하던 맛.

나는 내가 고기 그 자체를 그리워한 것이 아니라는 사실에 안도하며, 더 파격적인 시도를 감행했다. 얇은 당면을 삶고 물기를 최대한 제거한 후, 라이스페이퍼에 돌돌 싸서 비건 순대를 만들었다. 쫄깃한 라이스페이퍼 안에 짭짤한 당면이 가득 차 있다는 점에서 얼추 순대의 느낌이 났다. 그 비건 순대를 넣고 같은 레시피로 순대볶음을 만들었다. 정말 어디 하나 빠지는 구석이 없는 맛이었다. 이 모든 걸 비거나이징이라고 부른다는 건 나중에서야 알았다.

나는 그 후로도 다양한 요리를 비거나이징했다. 두유 크림 리조또, 매운 버섯 두루치기, 시래기 감자탕, 비건 부대찌개, 버섯 강정, 콩고기 갈비찜, 두부 스크램블. 먹고 싶은 맛이 떠오르면 곧바로 요리를 했다. 같은 맛을 재현하기도 했고, 더 만족스러운 맛을 찾아내기도 했다. 그토록 그리워했던 맛과 자유가 여전히 내 삶 속에 있었다. 나는 비거나이징을 수없이 많이 시도하고 성공하면서 두 가지를 깨달았다. 내 입안을 맴돌던 많은 맛들은 양념에서 비롯됐다는 것. 그리고 나 스스로부터 채식주의자는 못 먹는 음식이 많을 거라는 편견에 빠져 있었다는 것. 깨닫고 나니 두 사실이 우스웠다. 지레 겁

먹고 모든 익숙함과 이별해야 한다고 청승을 떨던 것도 황당하게 느껴졌다. 그냥 만들어 먹으면 되는데 대체 왜 그랬지?

비건식을 한다고 하면 힘들지 않냐는 질문이 자주 따라온다. 여기서 내 대답은 중요치 않다. 어떻게 답을 해도 다음 질문은 대부분 정해져 있다. 그럼 대체 뭘 먹어? 먹을 수 있는 게 있긴 해? 그럴 때마다 억울하고 황당한 기분이 드는 것과 동시에, 상대의 마음이 충분히 이해되기도 한다. 그건 아마 순수한 궁금증일 거다. 나도 불과 몇 년 전까지는 고기가 없는 식탁을 상상해 본 적이 없었으니까. 아마 그때의 나라면 더한 질문을 했을지도 모른다. 지금의 나는 저 대화의 끝에서 늘 같은 말을 한다. 숨을 크게 들이쉰 후, 최대한 차분하게.

"육식을 안 하는 게 채식이잖아요. 말 그대로 동물 빼고 다 먹을 수 있어요. 진짜로요."

물론 입맛에는 개인차가 있고, 기존에 좋아하던 맛의 방점이 어디에 찍혀 있는지에 따라서 변화를 체감하는 정도가 다를 거다. 하지만 많은 것들이 바뀌는 순간에는 또 다른 새로운 세계를 열어젖힐 수 있는 가능성이 생긴다. 나는 이제 세상의 모든 음식을 비거나이징할 수 있다고 믿는다. 그 누구도 고통받지 않는 미식의 세계가 분명히 있다. 많은 사람들이 채식을 시도하며 새로움 속에서 즐거움을 발견해 내는 중이다. 채식의 필요성을 느끼면서도 쉬이 도전하지 못하고 있거나, 이제 막 채식을 시도하는 사람들이 나처럼 편협한 생각에 갇히지 않았으면 좋겠다. 우리 모두가 지치거나 제 풀에 꺾이지 않도록, 이 말을 꼭 해 주고 싶다. 비거나이징은 기세야, 기세!

맛있는
식물성 고기

"난 원래 고기나 햄을 별로 안 좋아해."

주변의 채식주의자 친구들과 대화하다 보면 심심찮게 들을 수 있는 말이다. 실제로 채식주의자들 중에는 어려서부터 육류 섭취 자체에 거부감이 있었다는 이들이 제법 많다. 동물을 죽였다는 감각에 대한 인식도 있지만 대부분 그 식감이나 맛 자체에 흥미를 느끼지 못했다는 사람이 많다. 다시 한번 솔직히 말하자면 나는 그런 류의 타고난 채식주의자는 아니다. 고기를 아주 좋아하는 집안 환경에서 자랐고, 거의 한 끼도 빠짐없이 육류를 섭취하며 컸다. 성장 과정에서의 식문화는 삶 속에 당연하다는 듯 뿌리내렸고, 나는 육식주의에 매몰된 채로 모든 취향을 형성했다.

비록 윤리적 이유로 채식주의자가 됐지만, 그동안의 식습관을 한 순간에 바꾸는 건 쉽지 않았다. 특히 고기의 식감, 그 특유의 풍미가 그리울 때도 있었다. 채소와 콩류로는 채워지지 않는 빈자리가 느껴졌다. 고기를 먹고 싶은 건 아니었지만 고기가 차지하고 있던 빈자리를 대신할 무언가가 분명히 필요했다. 고기를 먹기는 싫지만 고기를 그리워하는 이상한 상태에 놓인 채로 한동안 혼란을 느꼈다. 그러다 결국 '대체육'이라는 새로운 영역에 자연스럽게 눈을 돌리게 됐다.

대체육이라는 단어를 처음 알게 됐을 때는 말 그대로 뭔가를 '대체'할 수 있을까 궁금했다. 동물이 아닌데 동물의 살점을 대체할 수 있다는 게 가능한 걸까. 하지만 실제로 먹어보고 나서는 이런 의문이 완전히 사라졌다. 대체육은 얼핏 고기의 식감과 비슷한 것 같지만 새로운 맛을 내고, 내가 원하는 윤리적, 환경적 기준을 충족하는 음식이라는 생각이 들었다. 육식을 대체하는 것이 아니라, 육식이 차지하고 있던 한 영역을 대체할 수 있는 식품인 것이다.

대체육을 접하고 난 후의 만족감은 예상보다 더 컸다. 대체육을 활용한 다양한 요리를 통해 채식이 그저 생채소만 먹는 삶이 아니라, 풍부하고 다양하게 즐길 수 있는 새로운 음식 문화로의 확장이라는 걸 더욱 실감했다. 대체육은 내가 채식 초기에 느끼던 이상한 불안감과 혼란을 해소시켜주었다. 정말 '고기 없이' 살아가도 아무렇지 않겠다는 확신이 생긴 것이다. 새로운 가능성을 열어 줌과 동시에 내가 원하던 윤리적인 선택을 가능하게 만들었다고 봐도 과언이 아니다.

대체육이 낯설게 느껴지겠지만, 이미 구면일 수도 있다. 〈고기대신〉이나 비비고에서 출시한 〈플랜테이블〉, 풀무원의 〈식물성 지구식단〉등을 통해 다양한 대체육 제품들이 시장에 쏟아져 나오고 있다. 한식에 최적화된 대체육과 간편식 제품들이 강세를 보인다. 이마트에는 대체육을 활용한 식물성 제품 코너가 따로 마련되어 있고, 〈윤스테이〉와 같은 유명 TV 프로그램에도 콩고기를 활용한 요리를 쉽게 볼 수 있다. 트렌디한 업계인 만큼 대체육 시장은 대기업과 스타트업이 함께 성장하며 키워 나가고 있다. 프로젝트성으로 협업을 하거나, 기술을 공유하기도 한다. 날이면 날마다 늘어나는 대체육 브랜드 중 입문하기 좋은 몇 개를 알아보자.

비욘드미트

비욘드미트$^{Beyond\ Meat}$는 미국의 대표적인 식물성 대체육 브랜드다. 육식 특유의 맛과 질감을 식물성 재료로 재현하는 데 중점을 두고 대체육을 생산하는 게 큰 특징이다. 가장 대표적인 제품으로는 소고기 패티와 비슷한 식감과 맛을 구현한 식물성 버거 패티가 있다. 굽기 전에는 붉은 색을 띠던 패티가 불에 익으면서 점차 짙은 갈색으로 바뀌는 걸 볼 때는 소름이 돋기도 한다. 이외에도 다짐육 형태의 비욘드 그라운드와 비욘드 소시지가 있으며, 많은 비건 식당에 납품되거나 대형 프랜차이즈와 협업하고 있다. 무엇보다 한국에서도 쉽게 구매가 가능하다는 점이 가장 큰 장점이다.

언리미트

언리미트Unlimeat는 가장 주목받는 국내 대체육 브랜드 중 하나다. 한국식 요리에 적합한 대체육을 통해 환경 문제를 해결하고, 맛과 식감을 극대화한 비건 고기를 개발하는 것에 목표를 두고 있다. 곡물 부산물(쌀, 보리, 귀리 등)을 재활용하여 대체육을 생산하며 단백질이 풍부하다. 언리미트 불고기나 언리미트 떡갈비와 같은 종류도 유명하지만, 내가 가장 자주 활용하는 건 언리미트 슬라이스다. 얇게 썬 슬라이스 형태로 기름에 구워서 다양한 요리에 활용이 가능하다. 놀러갔을 때 비건 바비큐 파티를 열어 구워 먹거나, 샌드위치 속 재료로 넣기도 한다. 한식 친화적인 제품군이 많아서인지 유명 기업들과 협업을 많이 한다. 편의점 CU와 콜라보를 진행해서 삼각김밥을 출시하기도 했다.

옴니포크

옴니포크OmniPork는 홍콩에 기반을 둔 기업 그린먼데이가 개발한 식물성 대체육 브랜드다. 특히 아시아 요리에 최적화된 대체육을 만드는 것이 특징이다. 많은 대체육 브랜드들이 서구식 요리인 버거 패티나 소시지에 집중한 반면, 옴니포크는 아시아 요리에서 활용할 수 있는 형태 및 식감으로 만들어졌다. 다양한 제품 중 옴니포크 스트립(Strip)은 슬라이스 형태로 만들어진 대체육으로, 기존의 제육볶음이나 탕수육과 같은 메뉴를 비거나이징하기에 적합하다.

위미트

위미트^{WEMEET}는 국내에서 개발된 대체육 브랜드로, "우리가 함께 하는 고기"라는 의미를 담고 있다. 한식뿐만 아니라 글로벌한 요리에 모두 잘 어울리는 식물성 고기를 만드는 것이 특징이다. 가장 유명한 제품은 비건 프라이드 식물성 치킨이다. 기존 치킨의 외형부터 맛, 식감 등을 최대한 살린 위미트 프라이드는 국내산 버섯을 기반으로 개발된 식물성 치킨이다. 무엇보다 양념, 청양마요, 블랙 등의 소스로 다양한 맛을 즐길 수 있다는 점이 매력적이다. 식물성 치킨은 초기 개발이 어려워 너겟 형태의 제품이 주를 이루고 있었는데, 위미트는 이러한 시장에서 소비자의 선택폭을 넓히는 중요한 역할을 하고 있다.

제로미트

제로미트$^{Zero\ Meat}$는 롯데푸드에서 출시한 대체육 브랜드로, "건강한 대체육으로 고기의 맛과 식감을 구현한다."는 목표를 가지고 다양한 제품을 선보이고 있다. 햄, 돈가스, 너겟 등 냉동 간편식을 중심으로 구성되어 있다. 에어프라이어나 전자레인지로 쉽게 데우거나 튀겨서 완성할 수 있는 제품들이 많다. 가장 유명한 건 안에 매쉬드 포테이토가 들어간 베지 함박과 바삭한 튀김옷이 입혀진 베지 너겟이다.

베지가든

베지가든^{Veggie Garden}은 농심그룹이 출시한 식물성 대체육 및 비건 식품 전문 브랜드다. 농심 연구소와 계열사인 태경농산이 공동으로 개발한 독자적인 기술을 바탕으로, 실제 고기와 유사한 맛과 식감을 구현한다. 다양한 요리에 활용 가능한 다짐육과 패티와 같은 기본 대체육 제품 그리고 떡갈비나 너비아니 등의 한국식 메뉴를 접목한 냉동식품을 적극적으로 생산한다. 이외에도 냉동 탕수육, 후라이드 치킨 등 메뉴가 다양하다. 무엇보다 비건 식품 전용 생산라인을 마련하여 동물성 성분 혼입을 방지하고 있다는 점이 소비자들에게 신뢰와 안도감을 준다.

대체육에 부정적인 인식을 가진 사람들도 있다. 그중에는 고기를 온전히 '대체'할 수도 없으면서 그럴 수 있는 것처럼 광고한다거나, 채식이 육식을 흉내 내려는 시도 자체가 잘못된 게 아니냐는 의견이 많다. "고기의 맛이나 식감을 구현해 내는 것이 부자연스럽고 불필요하다."는 주장도 자주 들려온다.

하지만 이렇게 생각해 보면 어떨까. 대체육이 제공하는 것은 단순히 식감이나 맛을 대신하는 영역이 아니라, 우리가 삶 속에서 어떻게 더 윤리적인 선택을 할 수 있을지에 대한 대안인 것이다. 대체육의 가치를 '맛'이나 '식감'에서 찾는 것에 그치지 말고, 우리가 먹는 음식이 우리의 가치관과 삶에 어떤 토대가 되어줄 수 있는지 생각해 볼 수 있기를. 그로 인해 더 다양한 선택지가 생기고 우리의 식문화가 더 풍성해지기를 진심으로 바라는 마음이다.

이런 거창한 이유들을 다 떠나서, 어쨌든 나는 대체육을 먹을 수 있다는 사실이 꽤 만족스럽다. 맛도 좋고, 식탁 위에 오를 수 있는 메뉴가 하나씩 더 늘어 가고 있다는 것만으로도 기분이 좋다. 상상도 못 했던 형태의 음식들이 밥상 위에 올라올 때마다, 앞으로는 어떤 형태의 대체육이 나올지 은근히 기대도 된다. 동물의 살점이 아니면 안 된다고, 그걸 대체할 수 있는 건 절대 없다고 단언하던 이들마저 헷갈리게 만들 대체육이 언젠간 나올 거다. 그리고 그때 나는 쿨하게 딱 한마디만 던져 주고 싶다.

"그거, 식물로 만든 거야."

빼 주실 수 있나요?

외식은 누구에게나 그렇듯 비건에게도 당연히 피할 수 없는 선택지다. 모든 끼니를 전부 만들어 먹기란 쉬운 일이 아니니까. 밖에서 끼니를 때워야 하는 날마다 도시락을 싸서 다닐 수도 없는 일이다. 무엇보다 다른 사람들과 함께 식사해야 하는 상황에서는 자연스럽게 밥을 사 먹게 되기 마련이다. 이때 비건은 무엇을 먹을 수 있을까. 어떤 식당을 찾아가야 할까. 불규칙적인 스케줄로 일을 하고, 집보다는 밖에서 보내는 시간이 많은 외향형 비건의 외식 귤팁[7]을 공개해 보려고 한다.

외식이 예정된 일정이라면 가게 될 식당을 중심으로 만남과 약속을 계획한다. 평소에 가고 싶었던 비건 식당 리스트를 펼쳐 놓고 상

---

[7] '꿀팁'의 대체어. '꿀'을 소비하지 않는 비건들이 만들어 낸 신조어다.

대와 함께 동선을 고려하여 식당을 고른다. 여기까지는 채식과 상관없이 누구에게나 평범한 일상이다. 하지만 문제는 역시 예상치 못한 외식을 하게 되거나 해야만 하는 순간이다. 낯선 동네에서 저 상황을 맞이하게 되면 일단 약간의 긴장감이 감돈다. 뭘 먹어야 잘 먹었다고 소문이 날까. 무슨 게임 퀘스트를 수행해야 하는 사람처럼 경건하고 침착하게 외식을 맞이하는 거다. 이렇게만 들으면 번거로움에 약간 지친 사람처럼 보이겠지만 의외로 꽤 재미있고 흥분되는 순간이다. 나는 새로운 비건 옵션 식당이나 숨어 있는 비건 메뉴를 찾아낼 수도 있다는 그 묘한 흥미로움을 잘 즐기는 편이다.

순서는 이렇다. 일단 '채식한끼' 어플로 근처 비건 식당을 검색한다. 이 어플의 식당 검색 탭은 채식주의자들에게 아주 중요한 기능이다. 지역과 내 위치 기준 검색 반경을 설정하여 검색하면 식당 목록과 먹을 수 있는 메뉴들이 줄줄이 뜬다. 게다가 단순히 검색만 되는 게 아니라 필터를 여러 갈래로 나누어서 조건을 적용할 수도 있다.

- 정렬(리뷰순, 평점순, 거리순 등)
- 식이지향 및 채식 타입 분류(비건, 오보, 락토, 락토오보, 페스코 등)
- 카테고리(한식, 일식, 중식, 양식, 분식 등)
- 체인점 그만보기 기능(써브웨이, 롯데리아, 스무디킹 등)

나는 주로 GPS 기준으로 1km를 지정하고 '거리순' '비건' 필터를 적용한 후, 나머지 카테고리는 전체 보기 체크박스를 선택한다. 그리고 나열된 식당 목록을 확인한다. 대도시나 번화가 근처에서는 생각보다 제법 많은 식당이 나온다. 국수, 냉면, 칼국수, 덮밥, 화덕 피자나 파스타 등 카테고리도 다양하다. 그중 마음에 드는 식당을 고르면 주소와 먹을 수 있는 채식 메뉴들이 나온다. 무엇보다 중요한 건 '채식 팁' 소개 탭이다. 메뉴에서 무엇을 제외해야 비건으로 먹을 수 있는지, 반찬에는 무엇이 들어가는지 상세히 적혀 있다.

사장님의 비건 이해도가 높고 매우 협조적이며, 육류 제외 메뉴는 비건 옵션으로 요청하면 가능하다고 합니다. 주방 직원분들도 처음에는 맹물로 조리하면 맛없을 거라고 곤란해 하셨는데 괜찮다고 재차 요청하니 따로 다시마, 표고로 채수 우려서 만들어 주셨습니다.

- 밑반찬 중 젓갈 들어간 김치가 있음
- 쟁반국수 : 닭알 제외 시 비건
- 도토리묵밥 : 육수 대신 맹물 조리 요청 가능,
            김치 비건 여부 확인 어려움
- 들깨칼제비(2인 이상) : 채수 사용
- 순두부 : 동물성 성분(해물 다대기), 주문 시 제외 요청 가능

모든 정보는 어플 이용자의 제보를 통해 업데이트된다. 해당 가게를 다녀온 사람들이 자신의 경험을 토대로 식당을 제보하고, 그 정보를 보고 찾아간 다른 사람들이 방문하며 정보 수정 요청을 거듭한다. 물론 제보를 기반으로 했다고 하더라도 전부 믿을 수 있는 건 아니다. 마지막 제보와 현재 시점 사이에 재료 및 조리법 혹은 주방 직원이 바뀌었을 수도 있으니까. 어플을 보고 방문했더라도 비건 옵션을 재차 확인하는 건 필수적인 일이다. 그럴 때 가장 많이 쓰이는 말들은 이런 거다. 닭알 빼고 주실 수 있나요. 채수나 맹물로 조리 가능할까요. 다대기는 안 주셔도 괜찮아요!

인구가 많지 않은 소도시나 번화가가 아닌 곳에서는 위의 방법도 소용이 없어진다. 어플에 아무것도 뜨지 않거나 식사의 영역이라고 보기 어려운 체인점 메뉴만 뜨기 때문이다. 이럴 때는 내가 개척자가 되어야 한다는 마음으로 포털 창을 켠다. 내가 채식 식당을 찾는 방법은 '지역명+메뉴'를 검색하는 거다. '김제 들깨칼국수' '서산 두부' '강화도 비빔밥' 등. 많은 사람들이 찾는 대중적인 한식 메뉴들을 검색하면 반드시 한두 군데는 나온다. 식당을 고르고 이미지 탭에서 메뉴판을 찾아 먹을 수 있는 메뉴가 있는지 확인한다. 들기름 두부구이나 비빔밥, 버섯 전골, 더덕구이, 쫄면, 들깨옹심이, 막국수, 콩국수, 도토리전 등 동물성 재료와 최대한 무관한 메뉴를 찾는다.

그리고 식당에 전화를 걸어 확인한다. 고기를 안 먹어서 그런데 혹시 비빔밥에서 고기를 뺄 수 있는지, 닭알이 들어가지는 않는지, 액젓이 들어가는 건 아닌지. 이 과정에서 가게 사장님들의 반응은 둘로 나뉜다. 친절하게 안내해 주는 사장님이 많은 편이지만 최대한 정중하게 물어도 짜증을 내는 분도 있다. 왜 그런 걸 묻냐, 그럴 거면 도대체 왜 먹냐, 고기 빼고는 안 판다. 내가 건넨 질문 자체를 황당해하는 것이 전화 너머로도 여실히 느껴진다. 솔직히 채식을 시작한 초기에는 저런 격한 반응이 무서웠다. 내가 사는 세상은 거대한 육식주의에 둘러싸여 있다는 걸 이미 충분히 인지하고 있는 것과 상관없이 찾아오는 두려움이었다. 내게는 무척 평범한 일상과 실천이 누군가에게는 도무지 이해할 수 없는 영역이고, 심지어 그 사람이 내게 자신의 몰이해를 가감 없이 드러낸다는 것. 그리고 무엇보다 내가 그것을 직접 마주해야 한다는 것이 섬뜩했다.

하지만 지금은 다르다. 두려움의 시기는 이미 지났다. 그때의 나는 어떤 반응이 돌아올지 몰라 괜히 두려워서 끼니를 자주 건너 뛰느라 배고팠고, 확실하게 확인하지 못하고 지레짐작만으로 메뉴를 주문해서 종일 찜찜하고 더부룩한 마음으로 후회했다. 아무리 생각해도 저렇게 방어적으로 살아서 좋은 건 단 하나뿐이었다. 열 번에 한 번 꼴로 겨우 찾아오는 차가운 반응을 겪지 않았다는 것. 따져 보면 수지타산이 안 맞는 두려움이었다. 고작 그 말들을 듣지 않겠다는 이유로 배고프고 후회하기는 싫었다. 그냥 듣고 말지.

그래서 지금은 그냥 거침없이 물어보고 요청하고 부탁하는 삶을 살고 있다. 빼 주실 수 있나요? 혹시 이런 것들이 들어가나요? 차가운 짜증이 돌아오는 날에는 나도 컨디션에 따라 반응을 결정한다. 컨디션이 좋은 날에는 괜히 더 싹싹하게 부탁드려서 채식 메뉴를 쟁취하고 사장님과 채식에 대해 수다를 떨 때도 있다. 하지만 너무 피로해서 도저히 대화를 이어 나가고 싶지 않을 때는 알러지가 있어서 그렇다고 대답하고 전화를 끊거나 식당 밖으로 나간다. 그리고 다시 먹을 수 있는 메뉴를 찾는다. 어떻게든 찾아내서 먹은 후에는 어플에 제보를 하거나 개인 SNS에 후기를 쓴다. 다른 채식인들이 조금 더 편하게 식사할 수 있기를 바라며.

이렇게 찾아낸 식당이 꽤 많다. 요즘은 국내 여행을 다니며 새로운 지역에서 채식 메뉴를 찾아내는 재미에 푹 빠졌다. 채식인들이 가보지 않은 식당에 가서 이것저것 여쭤 보며 채식 메뉴를 발굴해 내는 게 꽤 뿌듯하고 즐겁다. 특히 지역 특산물로 만들어진 채식 요리를 찾아내면 더할 나위 없이 기쁘다. 채식을 시작한 이후로 많은 이들이 남겨준 제보로 배부르게 외식하며 살고 있으니, 나도 조금은 그 상냥한 세계에 일조하고 싶은 마음이다.

"빼 주실 수 있나요?" 나는 이 말 자체가 '번거로움'이라는 짐을 나눠 드는 과정이라고 생각한다. 바쁘고 배고픈 누군가는 결국에 하게 되는 말. 모두에게 판매할 수 있고 모두가 먹을 수 있는 음식을 찾아내는 일. 그렇게 채식주의의 존재를 알리고 아주 작은 조각 하나를 뒤집으며 세상을 바꿔 나가는 커다란 행동. 부디 나를 포함한 모두가 저 말을 두려워하지 않았으면 좋겠다. 다 같이 그냥 일단 던져 보는 거다. 되면 좋은 거 아니냐는 마음으로. 지금은 안 되더라도 언젠가는 될 거라는 씩씩한 마음으로.

후식 배는
따로 있어

 후식 배는 따로 있어. 아무리 배부르게 식사를 마쳤어도 디저트가 들어갈 공간은 남아 있다는 뜻이다. 이런 말은 왜 생겨난 걸까? 단순히 음식을 더 먹을 수 있다는 의미만을 가진 문장은 아닐 거다. 후식 문화는 우리 일상 속 깊이 자연스럽게 녹아들어 있다. 식사 초대를 받아서 누군가의 집에 방문했을 때, 밥을 다 먹고 집주인이 과일을 내오는 것. 오랜만에 만난 친구와 식당에서 밥을 먹고 나와 자연스럽게 카페로 자리를 옮기는 것. 이처럼 매우 자연스러운 일상 속 조각들이 전부 후식 문화의 일종이다. 후식은 식사의 연장선이나 마지막 단계라는 정의를 넘어서, 독자적인 문화로서 자리 잡아가고 있다. 식사 자체가 공동체 활동의 개념이라면, 그중 후식은 사회적 상호작용을 촉진하는 중요한 장치인 셈이다.

 앞서 말했듯이 비건식을 판매하는 식당은 많지 않다. 있다고 하더라도 특정 도시나 지역구에 몰려 있기 때문에 접근성이 좋은 편은 아니다. 하지만 비건 카페는 얘기가 다르다. 거의 대부분의 지역에 비건 식당은 없어도 비건 베이커리나 비건 카페는 있다. 그 이유에는 여러 가지 요인이 복합적으로 겹쳐 있겠지만 내 생각은 이렇다. 카페는 식사를 판매하는 음식점에 비해 상대적으로 적은 종류의 재료와 메뉴만으로도 운영이 가능하다. 즉, 초기 비용과 운영 부담이 적다. 또한 한국에서는 밥을 먹을 때 육식을 포함하는 식사가 익숙하기 때문에 엄격하게 비건식을 하는 사람이 아직은 많지 않다. 하지만 커피나 디저트류는 원래부터 동물성 재료 비율이 적어 상대적으로 대체하기 쉬운 편이다. 동물성 디저트를 비건 옵션으로 전환해서 누구나 음료와 디저트를 즐길 수 있도록 하면 더 넓은 소비층을 확보할 수 있다.

이런 여러 이유로 비건 디저트나 간식은 대중적인 접근이 용이하다. 당장 모든 식사를 비건으로 전환하기 어렵다면, 상대적으로 쉬운 후식으로 채식을 시작해 보는 건 어떨까. 무엇보다 후식은 필수적인 요소가 아니므로 일상 속에서 가볍게 변화를 도모하기에 좋은 영역이다. 작은 선택을 모아 큰 변화, 지속 가능한 실천을 향해 가 보는 것도 하나의 방법이 될 수 있을 것이다.

나의 첫 비건 디저트는 초콜릿이었다. 아직 채식에 대한 선입견이 있을 때라 '맛이 없지 않을까?' 하는 의문도 있었다. 하지만 유기농 재료로 만든 비건 초콜릿은 내 생각보다 훨씬 더 풍부한 맛이었다. 소젖이 들어가지 않아서 초콜릿 본연의 씁싸름한 맛과 카카오의 풍미가 더욱 강조되는 느낌이 좋았다. 그 후로 아몬드유로 만든 비건 마카롱, 채소와 쌀가루를 활용한 비건 케이크, 식물성 성분으로만 이루어진 비건 과자 등 여러 종류의 간식을 시도하기 시작했다. 생각보다 가까운 곳에 비건 간식이 많았다. 평소 좋아하던 맛과 헤어지지 않아도 된다는 사실이 좋고 소중해서였을까. 비건이라는 사실을 알고 익숙한 과자들을 먹으니 이상하게 마음이 찡하기도 했다.

다양한 비건 간식들에 이어 비건 라테에 도전한 것도 커다란 변화 중 하나였다. 스타벅스와 같은 대형 프랜차이즈 카페에서 라테를 마실 때는 당연히 두유나 오트유로 변경해서 주문했다. 더 나아가서 두유나 아몬드유, 귀리로 만든 오트유, 완두콩유, 코코넛 밀크 등 다양한 대체유를 따로 사서 직접 라테 만들기를 시도하기도 했다. 전부 같은 샷을 넣은 라테임에도 베이스가 되는 음료에 따라 맛이 완전히 달라졌다. 먹어볼수록 소젖만이 라테라는 메뉴를 독점하는 게 부조리하다는 생각이 들었다. 나는 고소한 견과류향이 나는 아몬드유와 조금 더 크리미한 질감의 코코넛 밀크, 진한 두유로 만든 라테를 여러 잔 먹어보고 나서야, 이들이 이름만 '대체유'일 뿐이지 소젖을 대체할 필요가 전혀 없는 음료들이라는 걸 깨달았다. 소젖에 의존하지 않고도 풍부하고 다양한 맛을 즐길 수 있다는 게 신기하고 좋았다. 그러면서 점점 커피의 농도와 식물성 음료의 비율을 조절하며 내가 좋아하는 맛의 라테 레시피도 찾아갔다.

    이외에도 후식을 비건으로 먹을 수 있는 선택지는 굉장히 많다. 이 챕터를 빌려 가까운 편의점이나 마트에서 구매할 수 있는 비건 간식과 다양한 대체유를 내가 알고 있는 선에서 몽땅 소개하려고 한다. 이 소소한 목록이 채식을 시작해 보려는 이들에게 조금의 도움이 될 수 있기를.

초콜릿	노브랜드 다크 초콜릿	
	리터스포트 초콜릿(다크 아몬드 퀴노아/다크 홀헤이즐넛 아마란스	
과자	꼬깔콘 고소한맛(오리지널)	고구마깡
	조청유과	못말리는 신짱
	荜당동 떡볶이	츄러스
	포테토칩(오리지널)	프링글스 오리지널/핫&스파이시
	사또밥	로투스(오리지널/비스코프 샌드)
	포테이토 크리스프(바베큐맛)	자가비(짭짤한맛/케첩맛)
	참쌀 선과&참쌀 설병	
아이스크림	따옴바	탱크보이
	스크류바	나뚜루 순식물성 시리즈
	생귤탱귤	죠스바
	식물성 지구식단 플랜또	
대체유	매일두유 99.9	오틀리
	어메이징 오트	오트밸리
	마이너피겨스	오트사이드
	아이토	아몬드 브리즈
	그린덴마크 아몬드/귀리	스프라우드
	비엣코코 코코넛밀크	
기타	Jealous Sweets 비건젤리	루더스 비건젤리(과일)
	쁘띠첼 과일젤리 푸딩(밀감)	

새로운 세계,
넓어진 선택지

 당연한 말이지만 비건을 실천하고 나서는 들어갈 수 있는 식당의 수가 현저히 줄었다. 배달 어플을 켜도 주문할 만한 식당이 없다. 그렇다고 해서 먹을 수 있는 음식의 종류나 장르적 가짓수가 줄었나 하면 그건 절대 아니다. 가슴에 손을 얹고 아니라 말할 수 있다. 오히려 채식을 시작하고 먹을 수 있는 음식의 종류가 훨씬 늘었다. 익숙하게 먹던 메뉴들과 작별한 대신 한 번도 먹어 본 적 없었던 새로운 음식을 많이 만났다.

 비건을 실천하고 나서 만났던 음식들을 소개하려고 한다. 낯선 이름이지만 쉽게 사 먹을 수 있는 식재료, 어디선가 들어 봤지만 접할 기회가 없었던 이국적인 음식, 상상도 못 했던 조리법 그리고 듣기만 해도 맛이 궁금해지는 새로운 메뉴. 이 모든 것이 내가 들어선 드넓은 세상의 모습이다. 육식주의에 찌들어 느슨해졌던 입맛에 긴

장감과 즐거움을 가져다준 채식의 맛을 공유할 수 있게 되어 기쁘다. 전부 다 쓰기에는 분량이 만만찮을 것 같아서 몇 가지로 추려 보았다. 뭘 추릴지 고민하는 데만 제법 긴 시간이 소요되었다는 사실을 일러두고 싶다.

템페

우리나라에 청국장, 일본에 낫또가 있다면 인도네시아에는 템페가 있다. 청국장, 낫또와 더불어 세계 3대 콩 발효 식품으로 꼽히는 템페는 콩을 발효시켜 만든 인도네시아의 전통 음식이다. 템페는 껍질을 제거하고 살짝 삶은 콩에 발효 스타터(Rhizopus oligosporus)를 섞고 얇게 편 후, 약 30도에서 24~36시간 동안 발효시킨 고단백 식품이다. 잘 익은 템페는 흰 균사로 덮여 있다. 벽돌 모양으로 뭉친 콩 사이 사이를 흰 균사가 연결 짓고 있는 듯한 모양새이다. 쉽게 말하면 콩벽돌처럼 생겼다.

이 콩벽돌은 생각보다 단단하고 아주 고소하다. 강한 향이 없고 끈적이지 않아 두루두루 요리에 활용이 가능하다. 커다란 템페 뭉텅이를 슥슥 얇게 썰어서 기름에 굽거나 튀기고, 혹은 간장에 조려 먹는 것을 추천하고 싶다. 식감이 단단하면서도 씹는 식감이 부드러워서 샐러드 토핑이나 밥반찬으로 좋다. 나는 달달하고 짭쪼름한 소스에 끈덕지게 조려서 덮밥을 만들어 먹는 것을 가장 선호한다. 신선한 샐러드 채소 위에 올려서 비건 치폴레 소스와 함께 먹는 것도 환상적인 조합이다. 두부보다 단백질 함량이 몇 배나 높아서 식이요법 중이거나 운동을 좋아하는 채식인들에게도 인기가 좋다.

팔라펠과 후무스

팔라펠은 병아리콩을 갈아 동글동글하게 빚어 튀긴 중동 음식이다. 바싹 튀겨서 겉은 짙은 갈색이지만 콩과 파슬리를 함께 갈기 때문에 그 단면은 보통 초록색이다. 안에 여러 향신료가 들어가는 경우가 있어서 호불호가 갈리기도 한다. 하지만 조리법이나 브랜드별로 맛과 향이 조금씩 다르므로 다양한 제품을 먹어보기를 추천한다. 자신의 취향에 맞는 팔라펠을 찾는 것도 나름의 재미다. 나의 취향은 향이 세지 않게 로컬라이징된 기본 팔라펠이다.

나는 냉동 팔라펠을 수시로 구비해 두고 주로 에어프라이어에 구워 먹는다. 좋아하는 소스에 찍어 간식으로 먹거나 빵 사이에 넣어서 샌드위치를 만들기도 한다. 동그란 팔라펠을 빵 사이에 넣고 양파와 오이, 토마토를 넣은 후 소스를 듬뿍 뿌린다. 추천 소스는 케첩이나 꿀이 들어가지 않은 클래식 머스타드 그리고 후무스. 후무스 또한 병아리콩을 갈아 만든 디핑 소스라 팔라펠과 환상의 궁합을 자랑한다. 채소와 소스를 한가득 넣은 팔라펠 샌드위치를 크게 한 입 베어 물면 겉은 바삭하고 속은 촉촉한 팔라펠이 반으로 갈라지며 따끈한 열기가 입안을 감싼다. 그 특유의 고소함과 부들부들한 식감이 신선한 채소들과 잘 어울린다.

아쿠아파바 머랭

많은 이들이 '그래도 비건들이 못 먹는 게 있겠지.'라고 말할 때 디저트를 예시로 든다. 소젖이나 닭알이 들어가는 레시피를 어떻게 대체할 수 있겠냐는 의견이다. 나도 비건을 실천하기 전에는 그렇게 생각했다. 좋아하던 달콤하고 부드러운 디저트들과 작별해야 한다는 결연한 마음이었다. 하지만 걱정이 무색하게 이미 비건 디저트의 세계는 무궁무진한 레시피를 가지고 있었다. 그 수많은 레시피 중 가장 놀라웠던 건 '아쿠아파바'다.

아쿠아파바는 라틴어로 물이라는 뜻의 '아쿠아(aqua)'와 콩을 뜻하는 '파바(faba)'를 합친 말이다. 병아리콩이나 렌틸콩 등을 삶고 나면 나오는 콩물이라고 생각하면 된다. 이 콩물을 거품기로 5분가량 휘저으면 머랭이나 생크림처럼 단단한 질감으로 변한다. 디저트류의 반죽을 만들 때 요긴하게 사용할 수 있다. 닭알 흰자 하나를 아쿠아파바 2큰술로 대체하면 된다. 들어가는 설탕량이나 휘핑 시간도 논비건 디저트 레시피와 동일하다. 아쿠아파바를 활용해서 만들 수 있는 디저트들의 대표적인 예로는 비건 마카롱, 식물성 머랭쿠키, 머핀 등이 있다.

찹쌀 멘보샤

  찹쌀 멘보샤는 한 사찰 음식점에서 우연히 만났던 음식이다. 사찰 음식은 무오신채 요리이기 때문에 다른 비건 음식들과도 조금 다르다. 오신채는 승려들이 수행하는 데 방해되는 다섯 가지 매운 나물로, 우리나라에서는 마늘, 부추, 파, 달래, 양파를 이른다. 한식의 주된 재료인 마늘과 파를 제외하고 만드는 사찰 음식은 그만큼 독자적인 맛을 자랑한다.

  내가 갔던 사찰 음식점은 코스별로 다양한 음식이 나오는 식당이었는데, 찹쌀 멘보샤는 그곳의 메인 메뉴 중 하나였다. 생김새는 기존에 알고 있던 멘보샤와 거의 흡사했지만 맛은 완전히 달랐다. 찹쌀로 만들어 쫄깃하고 부드러운 반죽 사이에 다진 두부와 가지가 들어 있었다. 따끈하게 튀겨진 찹쌀 멘보샤를 한 입 베어 물었을 때의 충격을 아직 잊을 수 없다. 멘보샤라는 이름을 붙여 놓기에는 아쉬울 정도로 새롭고 낯선 맛이었다. 고소하고 짭짤하면서도 쫀쫀한 그 맛을 어떻게 설명해야 할지 아직도 고민스럽다. 가진 언어를 총동원해서 뭐라고 말해 봐도 마음이 충분하거나 충만해지지 않는다. 일단 지금으로서는 이렇게 말할 수 있을 것 같다. 짭짤하고 달달한 속재료가 들어간 백설기 샌드.

  육식주의로 가득 찬 세상에서 그에 속하지 않는 맛을 설명해야 할 때는 더욱 다채로운 언어의 필요성을 절실하게 느낀다. 흔히 알고 있는 육식 메뉴에 기대어 비교하고 싶지는 않으니까. 유튜브만 봐도 그렇다. 소의 살점을 어떤 방식으로 구웠을 때 어떤 맛과 식감이 나는지 알려 주는 영상은 수천 개, 수만 개에 달한다. 하지만 식물성 식재료를 어떻게 조리하는지에 따라 어떤 맛과 향을 만들 수 있는지 소개하는 영상은 아주 드물다. 그만큼 아직 가려져 있는 채식의 세계가 넓다는 뜻이겠지. 그래도 나는 지금의 갈증을 답답해하지 않으려고 한다. 그냥 채식주의를 우상향 주식 같은 거라고 여기고 싶다. 느리지만 꾸준히 커지고 넓어지는, 빨리 매수할수록 좋은 예비 우량주.

채식주의가 내 식탁을 한정시키는 일이라 믿었던 과거가 아직도 조금 후회스럽다. 이토록 새로운 세계가 펼쳐질 줄 알았더라면 조금 더 일찍 시도해 볼 수도 있지 않았을까. 무언가를 먹지 않기 때문에 더욱 다채로워질 수 있는 삶. 누군가에게는 이 말이 여전히 모순 같이 들릴 수도 있겠지만, 타인이 믿거나 말거나 내게는 명백한 사실이다. 나는 앞으로도 이 드넓은 세계를 쏘다니며 한껏 즐기고, 또 이 안으로 사랑하는 이들을 초대하며 살아가고 싶다.

부대찌개도 먹는다니까
비건 부대찌개

✖ 재료

쌀뜨물 1L
비건 김치 1컵
콩나물 반 봉지
양파 1개
대파 1개
다진 마늘 1큰술
두부 반 모

감자 1개(얇게 슬라이스)
팽이버섯
라면 사리(농심)
무가당 두유 1/3컵
비건 치즈(선택)
비건 런천미트 1캔
베이크드 빈스 반 컵

✖ 조리법

| 양념장
고추장 1큰술 + 고춧가루 1큰술 + 진간장 1큰술 + 설탕과 후추 아주 조금

| 조리법
1. 크고 넙적한 냄비에 재료 깔기(김치와 콩나물을 바닥에 먼저 깔고 양파, 대파, 두부, 감자, 버섯, 햄 등을 예쁘게 담기)
2. 가운데에 양념장을 얹고 다진 마늘도 추가하기
3. 쌀뜨물을 부은 뒤, 중약불에서 끓이기
4. 재료가 익으면 라면사리 넣기
5. 무가당 두유 1/3컵 부어 주기(이때 치즈도 추가)

팁 취향에 따라 비건 만두를 넣어 먹어도 좋아요!
(동원에서 출시한 마이플랜트 비건 만두는 오래 끓여도 쉽게 풀어지지 않아요)

다 함께 채식!

식이도
지향이야

나는 가끔 '지향'이라는 단어에 대해 곱씹어 본다. 지향하다. 지향성. 지향점. 생각할수록 이 단어는 여러모로 지금의 사회에서 요긴하게 쓰이고 있다는 게 내 작은 결론이다. 사회가 다양성을 존중하는 방식으로 나아갈수록 사람들은 자신의 정체성과 취향을 더 작은 단위로 쪼개기 마련이다. 아무렇지 않게 우리의 삶에 달라붙어 있는 획일화된 루틴이나 궤도를 벗어나기 위해서이다. 부여된 것들로부터 멀어져서 진짜 내가 무엇을 원하는지, 나는 어떤 사람인지, 어떻게 살아갈 것인지 고민한다. 그리고 신념과 가치에 따라 스스로 걸어갈 방향을 결정한다. 그게 내가 생각하는 '지향'의 의미다.

그런 의미에서 채식은 당연히 '지향'의 범주에 들어간다. 사람들은 건강, 종교, 신념, 기호 등 다양한 이유로 채식을 결심한다. 자신만의 지향점을 가지고 일상에서 큰 비율을 차지하는 식이 생활을 변화시키거나 유지한다. 말 그대로 '식이 지향'인 것이다. 하지만 한국 사회에서는 아직 많은 사람이 식이 생활에 지향성이 개입한다는 것을 낯설어한다. 이를테면 이런 식이다.

"제가 동물성 식사는 전혀 하지 않아서요."
"진짜요? 왜요?"
"비건 실천하고 있어요."
"헉, 왜요? 그럼 물고기도 안 먹어요?"
"네, 동물은 다 안 먹어요."
"왜요? 어쩌다가요?"

극단적인 예시처럼 보일 수도 있겠으나, 저 대화는 비건 지향의 채식주의자들에게 아주 흔한 패턴이다. 사람들은 채식주의자들이 식물성 식사를 하는 이유를 무척 궁금해하고 또 서슴없이 묻는다. 존중과 비존중의 문제를 떠나 일단 묻는 거다. 그럴 만한 이유가 있겠거니 생각하고 자연스럽게 넘어가는 일은 극히 드물다. 일반적인 행위가 아니라고 생각해서일까. 나는 채식주의자라면 응당 본인의 궁금증을 해결해 줄 의무라도 있다는 듯 대뜸 '왜요?'라고 물어오는 이들을 볼 때마다 약간의 막막함을 느낀다. 저 사람은 타인이 가지고 있는 지향성을 알게 될 때마다 이렇게 대놓고 이유를 묻나. 아니면 식이 또한 지향이라는 걸 전혀 모르는 걸까.

나의 경우는 채식생활의 이유에 대한 질문을 받고 나면 아주 잠시간 머릿속으로 고민한다. 뭐라고 답하지. 내가 비건을 실천하기로 한 계기와 결심에 대해 전부 이야기하는 건 지금 상황에서 조금 과하지 않나 싶고, 그렇다고 대충 거짓말로 무마하고 넘어갈 이유는 더더욱 없고. 상대의 반응이 채식에 우호적이지 않을 때는 답변을 하고 나면 또 다른 질문이 돌아오지는 않을까 걱정이 되기도 한다. 물론 나도 잡식생활을 하던 때가 있었으니 그들의 의도 없는 궁금증이 이해가 가지 않는 것은 아니다. 하지만 이제는 내게 무척 당연해진 식이 생활에 대해 굳이 근거를 들어 타인에게 설명해야 하는 것은 분명히 다르다. 불필요한 피로감의 문제이다.

사람들은 지극히 평범하다고 생각되는 것에 굳이 이유를 묻지 않는다. 당연한 일에 의문을 제기할 필요는 없기 때문이다. 식이가 하나의 지향으로 자연스럽게 존중받기 위해서는 무엇보다 채식주의의 가시화가 중요하다. 해마다 채식 인구가 늘어나고 있다지만, 아직 채식의 대중화가 이루어졌다고 보기에는 한없이 아쉬운 점들이 많다. 그러니 태어나서부터 커다란 육식주의를 이고 지며 살아온 우리 모두에게 말과 행동으로 꾸준히 채식주의를 드러내야 한다. 매일 반복되는 식이 생활에도 얼마나 많은 다양성이 부여될 수 있는지, 개인의 선택에 따라 식탁이 어떻게 달라지는지 피부로 느낄 수 있도록 말이다.

새로운 사람을 만나 함께 식사해야 할 때 식이 지향에 대해 넌지시 물어보는 것은 어떨까. "안 먹거나 못 먹는 재료 있으세요?" 그리고 돌아오는 답변에 따라 그날의 메뉴를 함께 정해 보는 것이다. 무엇을 먹을 수 있는지, 육수는 괜찮은지, 이것을 빼면 이 메뉴는 괜찮은지. 상대의 식이 지향을 낯설어하고 그 이유를 따져 묻는 것보다, 모두가 즐겁게 먹을 수 있는 메뉴를 함께 고르는 시간을 보내 보기를 추천한다. 지극히 평범하게 메뉴를 고르는 그 일상적인 시간 동안 분명 새로운 것들을 나누고 느낄 수 있을 거라고 믿는다. 나는 그것들을 서로를 향한 존중과 공존의 감각이라고 부르고 싶다.

  그렇게 같은 식탁에 앉아 함께 선택한 음식으로 식사를 하게 된다면, 마주 앉은 이와 더 많은 대화를 나눌 수 있다. 충분한 존중을 기반으로 한 질문들은 불편함이나 불쾌감과는 거리가 멀다. "채식을 시작한 지 얼마나 됐어요?" "제일 좋아하는 음식은 뭐예요?" "주변에 채식주의자 친구가 있어요?" 이외에도 식이 지향 및 취향에 대해 우리가 나눌 수 있는 언어는 무궁무진하다.

  "대체 왜요?" "어쩌다가요?"라는 짧은 말들로 일갈하기에는 이 세상에 아주 다양한 사람들이 살아가고 있다. 그리고 그만큼 다양한 식탁이 존재한다. 시간이 지날수록 지금의 다양함은 더 잘게 쪼개어질 거다. 그렇게 만들어진 다채로운 조각들이 모여 뭔가를 이루고, 또 그 안에서 다시 쪼개어지기를 반복하며 요동칠 것이다. 우리는 그 파도 속에서 각기 다른 사람들과 함께 마주 보고 식사하며 살아간다. 어떤 것을 먹을 수 없는 사람이 있는가 하면, 어떤 것은 먹지 않겠다고 선택하는 사람도 있다.

나는 내게 낯선 식탁을 마주했을 때 어떤 자세를 취해야 할지 고민하며 살아가는 사람이다. 접시 위에 놓인 존재들이 어디서 어떻게 왔는지. 음식이라 불리는 것들 뒤에 너무 많은 고통이 숨겨져 있지는 않았는지. 모르기 때문에 편안하고 편리하게 느껴진 건 아닌지. 귀찮고 번거롭더라도 꾸준히 고민하고 그 끝에서 내 식탁을 직접 꾸리는 사람으로 살아가려 한다. 식이도 지향이니까.

평화로운
채식 명절

 명절이 별건가. 설이나 추석은 그냥 해마다 보내는 전통 기념일이 아닌가. 나는 늘 그렇게 생각하며 살아왔다. 하지만 저건 그냥 내 생각일 뿐이고 사실 한국 사회에서 명절은 꽤 별거다. 조상에게 차례를 지내고 한 해 동안의 복을 빌며 풍년과 건강을 기원하는 날. 그 모든 걸 꼭 가족, 친지와 함께 모여서 해야 하는 민족 대기념일. 물론 요즘은 명절에 굳이 차례상을 차리지 않는 집이 늘어났다고는 하지만, 여전히 한곳에 모여 음식을 하고 명절을 함께 쇠는 집들이 많다. 차례는 간소화하더라도 가족들끼리 모이는 것에 의미를 두는 이들도 종종 있다.
 나는 조상님에게 음식을 대접하는 것 혹은 친척들을 만나는 것에 별다른 의미를 두지는 않는다. 하지만 그럼에도 불구하고 명절은 명절이다. 이게 무슨 말인가 하면 이렇다. 온 나라가 기념일을 맞아 많은 것들을 멈추고 집마다 비슷한 음식들을 준비하는 날, 푸짐한 식탁에 모여 앉아 서로에게 덕담과 스트레스를 주며 보내는 하루, 있으면 피곤하고 없어도 그만인 날이지만, 나만 안 챙기기엔 서운한 날이라는 거다. 채식주의자라고 해서 명절 식탁에서 소외될 필요가 있나. 게다가 나는 차례 음식도 제법 좋아하는 편이었는데.

명절을 떠올리면 익숙하게 떠오르는 냄새가 있다. 각종 채소나 재료를 다듬은 후 밀가루와 닭알을 묻혀 기름에 굽는 전, 오랜 시간 간장에 조려 만드는 갈비찜, 당면과 여러 재료를 함께 볶아낸 잡채. 생각만으로도 온 집안을 가득 채운 묵직한 냄새들이 코 밑을 찔러 온다. 나는 일명 '큰집' 자식이라 저 음식들과 냄새가 무척 익숙하다. 설과 추석 그리고 네 번의 제사. 나는 해마다 최소한 여섯 번은 차례 음식들이 한가득 차려진 식탁에 앉은 채로 자라 왔다.

비건을 실천하기 시작하고 난 후의 첫 명절에는 음식을 거의 먹지 않았다. 딱히 먹을 수 있는 게 없었고 굳이 찾지도 않았다. 게다가 왜 먹지 않냐는 질문에 이런저런 답변을 하느라 온통 진이 다 빠져서 있던 입맛도 상실한 때였다. 그렇게 떡이나 좀 주워 먹으며 드러누워서 외롭게 명절을 보냈다. 말 그대로 누워서 떡 먹으며 내내 고민했다. 비건은 명절에 뭘 먹어야 하지? 아니면 매번 이렇게 떡이나 먹으면서 가족들이 간장에 조린 돼지를 뜯어 먹는 모습을 구경해야 하는 건가. 생각만으로도 막막하고 상상만으로도 조금 외로웠다.

다음 명절에는 고향에 가질 않았다. 자취방에서 혼자 명절을 보냈다. 처리할 일들이 있어서 일정상 바쁘기도 했고, 무엇보다 먹을 음식이 없는 잔치에 가고 싶지 않았다. 이러나저러나 외로울 거라면 아무 냄새도 맡지 않은 채로 외로운 게 낫다고 생각했다. 채식을 시작한 지 얼마 되지 않았을 때라, 어떤 스탠스를 취하는 게 정신적으로 가장 피로감이 덜한지 아직 혼란스러웠을 시기였다. 나는 이것저것 시도해 보기로 했다. 어차피 사는 내내 명절은 되돌아올 테고 그때마다 괴롭기만 할 수는 없으니까.

그다음 명절은 친구들과 함께 보냈다. 고향이나 본가에 가지 않는 사람들끼리 모여서 각자 싸 온 비건 음식을 나눠 먹기로 했다. 메뉴 선정은 자유였지만 나는 그래도 날이 날인 만큼 명절에 주로 먹는 음식을 가져가기로 했다. 두툼한 콩고기와 당근, 밤, 표고, 감자를 큼지막하게 썰어서 '갈비 없는 갈비찜'을 만들었다. 생김새는 기름기 없이 담백한 간장 조림에 가까웠지만, 맛은 더할 나위 없이 훌륭했다. 친구들이 가져온 음식도 마찬가지였다. 동물성 재료를 쓰지 않은 색다른 명절 음식. 닭알 없이 부친 버섯전과 부침개, 익숙한 맛 그대로의 잡채, 얼큰한 뭇국, 액젓 없이 무친 각종 나물 등. 각자 가져온 음식들을 펼쳐 놓고 보니 제법 근사한 명절 밥상의 모습이었다. 나는 그날 그 음식들을 전부 맛보고 즐기느라 아주 긴 식사 시간을 보냈다.

푸짐한 비건 명절을 한 번 보낸 후로는 막막했던 명절에 대한 소회가 조금씩 정리되기 시작했다. 생각보다 비거나이징하여 먹을 수 있는 음식이 제법 많았고, 그것들을 가족들에게 제안하지 않을 이유가 없었다. 내가 제안한 조리법을 전부 다 수용하는 것은 아니지만 가족들도 꽤 긍정적인 반응이었다. 조리법과 재료를 바꾸기 전에는 누군가가 먹을 수 없던 음식이 특정 재료만 빼면 누구든 먹을 수 있는 음식이 되는 거니까. 그렇게 나는 본가와 외갓집에서 고기 없는 잡채, 부추부침개, 액젓이나 다시다가 들어가지 않은 나물들을 먹을 수 있게 됐다. 평화로운 쟁취였고 기쁜 변화였다.

가족들과의 대화는 약간의 막막함과 막연함을 안겨 주는 일이라고 생각한다. 우린 결코 혈연관계로 묶여 있다는 이유만으로 서로에게 더 큰 이해와 다정을 건네지는 않으니까. 오히려 그것을 열망하면서도 어려워하는 이들이 많다. 각각의 사정과 사연으로 인해 가족들과 대화하기를 두려워하는 이들이 있는가 하면, 일상을 공유하며 대화를 시도하는 과정에서 꾸준히 절망하는 이들도 있다. 나도 마찬가지다. 나는 여전히 '명절 연휴'라는 것을 괴로움과 어려움의 다른 말로 해석하기도 한다. 그리고 풀리지 않는 의문을 품고 살아간다. 우리는 언제까지 애써 이런 방식으로 명절을 보내야 할까.

하지만 나는 굳이 그 시간을 보내야만 한다면, 보내지 않을 수는 없는 거라면, 절대 식사만큼은 포기하지 않을 생각이다. 명절이라는 이유로 소비되는 방대한 양의 음식을 포기하지 않고 모두가 먹을 수 있는 방식으로 조리하기를 권할 것이다. 오랜 시간 유지했던 레시피에서 벗어나더라도 아무 문제가 일어나지 않는다는 것을 설명하며 가족들을 회유할 것이다. 그렇게 '식사'라는 하나의 대화 행위에 꾸역꾸역 참여하며 식탁 위의 고통을 줄이기 위해 노력할 것이다. 이 과정에서 작은 절망과 익숙한 외로움을 느낄지라도 기꺼이 비거니즘에 도달할 수 있는 최선을 찾아내고 싶다.

꼭 누군가 죽어야만 죽은 이들을 기릴 수 있는 것도 아니지 않나. 어차피 모두가 죽고 나서 흙과 공기로 돌아가는 거대한 순리와 순환을 굳이 명분까지 만들어 가며 촉진시킬 필요가 있을까. 그 누가 그걸 이치와 도리라고 말할 수 있나. 이미 돌아가신 조상님들의 식사를 위해 살아 있는 동물들이 겪어야 하는 고통과 죽음을 묵과하고 싶지 않다. 생명을 가진 존재들이 서로를 존중하고 공감하며 더 나은 내일을 기원하는 날. 내게는 그것이 평화로운 명절이다.

60분 동안의
실천

 비건을 실천했다가 어느 순간 그만둔 지인들의 이야기를 들어 보면 사유가 대부분 같다. 매일 회사로 출퇴근하는 직장생활을 하며 채식을 하기란 현실적으로 무척 어렵다는 것이다. 엄격하지 못함에 대한 핑계나 변명, 합리화 따위가 아니다. 직장생활을 하며 채식을 실천하기란 말 그대로 현실이다. 회사들이 밀집되어 있는 지역에서 60분의 점심시간 안에 채식으로 식사하기란 생각만큼 쉽지 않다. 나 또한 지금은 프리랜서 생활을 하고 있지만, 몇 해 전 강남역으로 출퇴근을 하며 채식을 실천하던 시기가 있었다. '그냥 평소처럼 채식 메뉴를 찾아 먹으면 되는 거 아닌가?'라고 생각할 수도 있겠지만 현실은 조금 더 빡빡하고 냉정하다.

 우선 갈 수 있는 식당이 많지 않다. 주중 점심시간에 손님을 바짝 받아야 하는 직장인 타깃의 식당들은 회전율과 가성비를 중요하게 생각한다. 빠르고 간단하게 먹을 수 있으면서도 매일 먹기에 부담스럽지 않은 가격. 그러면서도 든든한 한 끼를 제공한다는 느낌을 주기 위해서일까. 오피스 상권 식당에는 육류가 들어가는 메뉴가 많다. 제육볶음, 뚝배기불고기, 돈가스, 순댓국 등을 점심메뉴로 파는 식당들이 압도적이다. 일반 백반집에 가더라도 메인 반찬은 반드시 육류이다. 김치찌개나 된장찌개 안에도 꼭 동물성 재료가 들어가 있다. 육류만 먹지 않는 페스코 단계의 채식주의자들은 먹을 수 있는 게 제법 많지만 동물성 원재료를 엄격하게 거르는 비건 지향인들에게는 선택지 자체가 없는 셈이다.

그렇다고 점심을 먹지 않을 수는 없는 노릇이다. 무엇보다 직장 동료들과 함께 점심을 먹어야 하는 환경이라면 채식을 실천하기란 더더욱 쉽지 않다. 식사를 함께 주문해야 하기도 하고 구내식당처럼 메뉴가 정해져 있거나, 배달 메뉴를 통일해야 하는 경우도 있기 마련이니까. 혹은 내가 채식주의자라는 사실을 동료들에게 아예 말하지 못한 경우도 제법 많다. 나 또한 그랬다. 굳이 말해야 할까 싶은 마음 반, 말하기 두려운 마음 반이었다. 그냥 말할까 싶었던 순간마다 미디어에서 숱하게 접했던 비건에 대한 혐오 발언들이 떠올랐다. 채식주의자를 고지식하고 예민한 사람으로 취급하던 조롱의 표현들. 모든 혐오가 어디에나 있듯 이 또한 언제나 마주칠 수 있는 말들이라 생각했다. 채식주의자라는 걸 굳이 숨기는 일이 그다지 바람직하지 않다는 걸 알면서도, 그때의 나는 생계를 위해 매일 오고 가야 하는 공간에서까지 필요 이상의 피로를 느끼고 싶지 않았다. 그리고 시간이 조금 흐르고 나서야 이런 고민을 나만 하는 게 아니라는 걸 알게 됐다.

많은 비건 지향인들이 점심시간마다 이런 일상과 부딪힌다. 먹을 수 있는 게 없거나 만약 있더라도 매일 같은 메뉴를 먹어야 하는 현실. 혹자는 나를 위해 다른 이들까지 메뉴 선택에 제한이 생긴다는 불편함. 다양한 이유들로 인해 결국 등 떠밀리듯 타협을 선택하게 된다. 적당히 동료들 사이에 섞여서 늘 가던 식당에 가고, 육류가 가장 덜 들어갈 것 같은 메뉴를 주문한다. 어쩔 수 없다는 걸 알고 있기 때문에 어느 정도는 체념해야 한다는 마음으로 식사에 임한다. 하지만 일상을 타협했다고 해서 신념까지 한순간에 타협할 수 있는 건 아니다. 일상은 그저 일상일 뿐이다. 그저 지속될 뿐인 일상에서의 타협은 때때로 무기력을 안겨 주기도 한다. 단순히 원하는 음식을 먹고 싶은 욕망이 아니라, 원치 않는 음식을 먹지 않을 자유를 상실했다는 무력감 때문이다.

오늘도 60분의 점심시간 동안 고군분투하며 신념을 지켜내고 있을 채식주의자 직장인들을 위해 메뉴를 추천해 보려고 한다. 협소하고 소박한 선택지일지라도 점심시간의 자유에 조금이라도 도움이 되기를 바라며.

쫄면

업소에서 사용하는 대부분의 쫄면은 면에 동물성 성분이 들어가지 않는다. 밀가루나 옥수수전분을 주재료로 만든 쫄깃한 식감의 대용량 면을 삶아서 쫄면을 만든다. 안에 들어가는 채소도 꽤 다양하다. 당근, 양배추, 상추, 콩나물, 오이 등의 채소가 면보다 더 많이 들어 있다. 이 모든 채소와 면을 어우러지게 하는 핵심은 양념장이다. 달달하고 상큼한 고추장 양념의 성분을 확인하고 닭알을 **빼달라**고 요청한다면 쫄면은 든든한 비건 점심 메뉴로 안성맞춤이다.

비빔밥

비빔밥은 접근성이 좋은 메뉴다. 분식집, 국밥집, 칼국수집 등 다양한 곳에서 비빔밥을 판매하기 때문이다. 밥과 재료를 한 그릇에 담고 양념장에 비벼 먹는다는 점에서 조리 과정이 어렵지 않다. 들어가는 재료나 담기는 그릇에 따라 변주를 줄 수도 있으니 최대한 많은 선택지를 제공하려는 식당에서 쉽게 내보이는 메뉴이기도 하다. 닭알 프라이나 노른자를 **빼달라**고 요청하는 건 쫄면과 비슷하지만, 비빔밥을 주문할 때 가장 주의해야 할 점은 따로 있다. 바로 양념장이다. 많은 가게에서 비빔밥에 다진 고기가 들어간 볶음 양념장을 사용한다. 그러니 반드시 주문 시에 양념장에 고기가 들어가는지 확인해야 한다. 그리고 일반 고추장으로 변경해서 먹을 수 있는지 물어보자.

유부김밥

김밥은 호불호가 크게 갈리지 않고 간편하게 먹을 수 있는 좋은 메뉴다. 냄새가 심하지 않은 데다가 부피가 작아 포장해서 들고 다니기도 용이하다. 무엇보다 가격이 저렴해서 부담이 없다. 다양한 재료가 들어가 영양과 포만감을 전부 만족시키는 음식이기도 하다. 하지만 김밥에서도 동물성 재료를 전부 제외하면 속이 부실해지기 마련이다. 맛살, 어묵, 닭알, 햄을 전부 빼달라는 게 번거롭고 민망하게 느껴질 수도 있다. 그래서 추천하는 게 유부김밥이다. 간장과 설탕에 달달하게 조려서 다진 유부를 한가득 넣은 유부김밥은 이미 해외에서 한식당을 운영하는 포맷의 유명 예능 프로그램에서 비건 메뉴로 사람들에게 눈도장을 찍은 바 있다. 그래서인지 요즘은 프랜차이즈 김밥집이나 일반 분식집 메뉴판에서도 쉽게 볼 수 있다. 유부와 기본 채소만으로도 풍성한 맛을 완성시킨다. 시간이 촉박하거나 간단하게 끼니를 때우고 싶을 때 유부김밥 한 줄로 든든함까지 챙겨보는 걸 추천한다.

들깨수제비

들깨수제비는 고소하고 담백한 맛으로 많은 사람들이 좋아하는 메뉴 중 하나다. 들깻가루 특유의 은은한 고소함과 부드러운 식감이 핵심적인 요리인 만큼 기본 레시피가 비건인 곳도 있지만 멸치 육수를 쓰는 곳도 꽤 있다. 주문하기 전에 맹물로 조리해 줄 수 있는지 먼저 여쭤 보자. 쫄깃한 수제비와 고소한 들깨 국물을 한 입에 넣으면 씹는 즐거움과 함께 구수한 풍미까지 느낄 수 있다. 추운 날에는 언 몸을 녹일 수 있는 좋은 메뉴이기도 하다. 국수집은 물론이고 일반 분식집 메뉴판에서도 심심치 않게 볼 수 있다. 마음이 허전하거나 따뜻한 국물 요리로 빈 속을 채우고 싶을 때 들깨수제비 한 그릇으로 점심시간을 든든하게 챙겨 보자.

마라샹궈

마라탕이나 마라샹궈는 직접 재료를 골라서 조리를 요청할 수 있다는 점에서 채식 옵션으로 변경하기 용이한 메뉴 중 하나다. 하지만 대부분의 가게에서 마라탕 조리 시 사골육수를 사용하기 때문에 완전 채식으로 먹기는 쉽지 않다. 그에 비해 볶음 요리인 마라샹궈는 소스만 비건이라면 재료는 내가 원하는 대로 골라서 채식으로 주문할 수 있다. 자극적인 음식이 먹고 싶은 날, 회사 근처의 마라탕집에 가서 특유의 매콤하고 얼얼한 맛의 마라샹궈를 먹어 보자. 다양한 채소의 달큰함과 튀긴 두부나 면류의 쫄깃한 식감까지 어우러지면 더욱 풍성한 맛을 느낄 수 있다. 땅콩소스를 찍어서 고소함과 풍미를 더욱 진하게 느껴 보는 것도 추천한다.

가끔은 이것저것 빼 달라는 요청을 하는 것이 피곤하게 느껴지는 날이 있다. 그럴 땐 차라리 내 입맛에 맞게 도시락을 직접 준비하는 것도 좋은 방법이다. 정성껏 준비한 도시락은 내 취향을 가장 잘 반영하면서도, 마음까지 든든하게 채워 준다.

버섯 라구 파스타

파스타를 도시락으로 싼다는 것에 의문을 가질 수도 있겠지만 전자레인지 조리 정도만 필요한 밀프랩 도시락 중에서는 파스타만큼 편한 것도 없다. 나는 그중에서도 버섯 라구 토마토 파스타를 추천하고 싶다.

1. 잘게 다진 버섯과 양파를 볶는다.
2. 시판 토마토 퓨레를 넣고 함께 끓인다.
3. 삶은 파스타 면을 올리브오일로 코팅한다.
4. 도시락통에 면과 소스를 담고 냉동실에 얼린다.

이렇게 간단한 레시피로 완성한 도시락을 출근할 때 챙기면 된다. 전자레인지에 4~5분 정도 돌려서 잘 비벼 먹으면 막 만든 것처럼 따끈따끈한 라구 파스타가 완성된다. 기호에 따라 소금으로 간을 맞추고 후추, 마늘, 바질로 향을 잡는 것도 좋다.

버섯 포케

포케는 신선한 야채와 다양한 재료를 섞어 먹는 하와이 전통 음식이다. 주로 곡물이나 면류를 추가하여 식사 대용으로 많이 먹는다. 샐러드와 비빔밥의 장점을 섞어 놓은 메뉴이기 때문에 깔끔하고 균형 잡힌 식사를 하기에 좋다.

1. 좋아하는 채소(양상추, 오이, 깻잎, 당근, 무순 등)를 한입 크기로 썰어 잘 섞는다.
2. 기름을 두른 팬에 버섯을 바싹 볶는다.
3. 렌틸콩이나 귀리, 퀴노아로 밥을 짓는다.
4. 간장, 참기름, 알룰로스, 고추냉이, 깨를 잘 섞어 참깨 소스를 만든다.
5. 도시락통에 채소와 버섯, 밥을 옮겨 담고 소스를 따로 챙긴다.

이대로 가져간 도시락에 소스를 뿌려 잘 섞어 먹으면 간단한 포케가 된다. 기호에 따라 구운 두부나 김을 토핑으로 얹어 먹기도 한다. 들어가는 재료에 따라 맛이 달라진다는 점에서 질리지 않는 좋은 도시락 메뉴다.

두부너겟 랩

두부를 주재료로 한 냉동 너겟 제품을 활용하면 간단한 도시락 메뉴가 된다. 부드럽고 고소한 두부를 바삭하게 튀겨낸 너겟은 맛과 단백질을 둘 다 잡을 수 있는 좋은 간식거리다. 버거나 샌드위치를 만들어 먹기도 하지만 내가 가장 좋아하는 건 '랩'이다. 랩은 얇은 또띠아에 재료를 넣고 돌돌 말아 먹는 것인데, 만들기도 간편하고 휴대성이 좋아 도시락으로 추천한다.

1. 두부 너겟을 에어프라이어 혹은 기름에 튀긴다.
2. 양상추는 잘게 찢고 토마토, 오이, 양파를 얇게 썬다.
3. 소이마요와 칠리 소스를 섞어서 매콤한 소스를 만든다.
4. 밀 또띠아를 전자레인지에 10초 정도 데운다.
5. 데운 또띠아 위에 소스를 바르고 채소와 두부 너겟을 넣어 돌돌 말아 준다.

이렇게 완성된 또띠아를 반으로 잘라서 도시락통에 담거나 종이 포장지로 잘 싸 주면 간단한 두부너겟 랩 도시락이 된다. 기호에 따라 옥수수나 병아리콩, 양배추를 곁들여도 잘 어울린다.

청포묵 시금치 덮밥

묵은 도시락으로 챙겨 가기에 좋은 식재료 중 하나다. 온도를 뜨겁게 유지할 필요도 없고 시간 경과에 따른 맛의 변화가 크지 않기 때문이다. 나는 묵 중에서는 탱글탱글하고 쫀쫀한 식감의 청포묵을, 나물 중에서는 부드럽고 담백한 시금치를 가장 좋아한다. 이 두 개를 조합해서 간단한 덮밥으로 만들면 영양과 재미를 모두 챙길 수 있다.

1. 시금치를 손질하고 청포묵은 먹기 좋은 크기로 자른다.
2. 손질한 시금치와 청포묵을 끓는 물에 살짝 데치고 물기를 제거한다.
3. 간장, 연두순, 다진 마늘, 참기름, 깨를 섞어 양념장을 만든다.

4. 청포묵과 시금치에 양념장을 얹고 살살 무쳐 준다.
5. 도시락통에 밥을 얇게 깔고 그 위에 시금치와 묵을 올린다.

중간중간 맛을 보며 소금으로 간을 조절하고, 매콤하게 먹고 싶다면 양념장에 고춧가루를 추가해도 좋다. 잘게 다진 김가루를 올려 풍미를 더하거나 작은 도시락김 하나를 함께 싸 가는 것도 추천한다.

직장이라는 거대한 조직에 속한 채로 신념을 가지고 채식생활을 유지하는 건 분명한 어려움을 수반하는 일이다. 함께 식사해야 하는 자리에서 사람들에게 식이 지향을 밝혀야 하고, 때론 다르다는 이유만으로 쏟아지는 질문들에 답해야 한다. 그러다 보면 차라리 혼자가 편하겠다는 생각이 들다가도 어쩔 수 없이 혼자가 되는 순간이 오면 거짓말처럼 마음 한구석에 작은 쓸쓸함이 생겨난다. 밥 한 끼 먹고 사는 일은 말 그대로 벌어먹고 사는 생존의 문제라 말처럼 쉽지 않다. 먹는 행위가 이렇게까지 많은 것에 영향을 끼칠 수 있는 걸까 소회에 빠질 수도 있다. 그러다가 내가 가진 신념과 원만한 인간관계 중에 무엇이 더 사는 데 중할까, 하는 괴상하고 진지한 고민까지 하게 되는 사람도 분명히 있으리라.

하지만 60분 남짓 되는 점심시간의 자유는 누구에게나 중요하다. 친한 동료와 함께 밥을 먹거나, 어젯밤부터 내내 먹고 싶었던 메뉴를 먹으러 한 블록 떨어져 있는 식당에 가고, 피로를 이겨 내려고 점심을 거르고 엎드려 자는 것처럼. 점심시간에 채식을 하는 것도 마찬가지다. 업무 시간과 분리된 60분을 내 뜻대로 보내는 건 반복되는 일상 속에서 덜 지칠 수 있는 방법 중 하나다. 그 시간 동안 모두의 식이 지향이 존중받을 수 있기를, 먹지 않을 자유에 대해서 많은 이들이 공감해 주기를 바라본다.

Happy Vegan Day

 음식은 단순한 영양 공급을 넘어 행복과 만족을 주는 중요한 요소다. 좋았던 기억이나 그리운 누군가를 추억할 때 자연스럽게 특정 음식을 함께 떠올리기도 하고, 특별한 날 가까운 이들과 맛있는 음식을 나누며 기쁨과 슬픔을 공유하기도 한다. 이런 날에는 많은 사람들이 혼자서 끼니를 챙기는 것과는 완전히 다른 방식의 식사를 도모한다. 평소 가고 싶었던 식당에 가거나, 집으로 사람들을 초대하고 낯선 식재료가 들어간 새로운 요리에 도전하기도 한다. 그렇게 다른 이들과 함께 모여 같은 음식을 먹고 감정을 공유하며 즐겁고 의미 있는 시간을 보낸다.

 나는 본가와 멀리 떨어진 지역에서 자취를 시작한 이래로 특별한 날이 되면 늘 친구들과 함께 시간을 보내 왔다. 생일이나 크리스마스, 연말, 긴 휴일이 되면 시간이 맞는 친구들 또는 동료들끼리 모여서 맛있는 음식을 만들어 먹거나 주문한 케이크를 나누어 먹는다.

연례 행사처럼 때가 되면 당연하다는 듯 모여서 좋은 날을 기념하는 모임도 있고, 여름이 되면 함께 가까운 교외로 휴가를 떠나는 모임도 있다. 자주 모이지는 못하더라도, 사랑하는 이들과 보내는 시간들은 지친 일상을 견딜 수 있도록 도와주는 중요한 연료다.

하지만 채식을 시작한 초기에는 이런 평범했던 모임 자리가 제법 불편하게 느껴졌다. 작년까지만 해도 아무렇지 않게 푹푹 떠먹었던 케이크와 불판 위에서 구워 먹던 고기를 더 이상 먹을 수 없게 됐기 때문이었을까. 나는 약간의 막막함을 끌어안고 친구들 앞에서 자주 망설이곤 했다. 나조차도 채식에 대한 많은 정보를 가지고 있지 않을 때였고, 하나씩 조심스럽게 도전하고 해 나가던 때라 쉽게 입이 떨어지지 않았다.

'다 함께 뭘 먹어야 할까?'
'오랜만에 모였는데 나 때문에 채식을 하자고 하는 게 맞나.'
'내 부탁이 강요처럼 느껴지지는 않을까.'

몇 달 전만 해도 함께 모여서 먹었던 음식들이 내 머릿속을 가득 채우며 팽팽하게 불어났다. 삼겹살, 치킨, 피자, 생크림 케이크. 내게는 이제 더 이상 음식이라고 느껴지지 않는 것들이 대부분이었다. 친구들은 이런 내 마음을 아는지 모르는지 여느 때와 다르지 않게 구체적인 약속을 잡기 위해 연락을 주고받았다. 나는 마음 한편이 묵직한 채로 무엇 하나 확실하게 대답하지 못한 채로 연락들을 흘려보냈다.

숙소를 잡고 휴일을 함께 보낼 계획으로 단체 채팅방이 시끄럽던 어느 날, 나는 더 이상 불편한 마음을 홀로 이고 지고 있기 싫다는 결심을 했다. 그리고 채팅방에 말 한마디를 툭 던졌다. 고민 끝에 골랐던 말이었다.

"이번에 먹을 케이크 내가 예약해서 가져가도 돼?"

원래는 케이크집을 함께 고르는 게 나름의 절차였지만 이번만큼은 내가 단독으로 케이크를 주문하고 싶었다. 약간의 미안함과 양해를 구하는 마음이었다. 나는 이제 더 이상 우리가 먹던 케이크들을 먹을 수 없게 됐어. 우리가 지금까지 그래왔던 것처럼 특별한 날 함께 모여 음식을 나누어 먹으려면, 이제는 낯설더라도 조금 다른 케이크를 먹어야 해. 물론 케이크뿐만 아니라 모든 음식 메뉴에도 변화가 필요할 거라는 얘기를 꺼내기 위한 나름의 빌드업이었다. 다행히도 친구들은 흔쾌히 알아서 케이크를 주문하라고 말했다. 나는 이상한 사명감에 불타오르기 시작했다. 기왕 먹는 거 최고의 비건 케이크를 맛보여 주고 싶었다. 나도 아직 많이 먹어 본 적이 없는 식물성 케이크 중에서도 가장 맛있고 대중적인 입맛을 찾겠다고 결심했다. 이름하여 비건이라고 말 안 하면 비건인 줄 모르는 비건 케이크 찾기 프로젝트.

우선 나보다 먼저 채식을 시작한 지인들에게 자문을 구했다. 다들 각각의 취향과 용도에 따라 다른 케이크집을 추천해 주었다. 그때 추천받았던 가게들을 추려 보면 다음과 같다.

거북이

📞 070-4015-5314
📷 @_cafe_turtle_

사당역 인근에 위치한 비건 카페 〈거북이〉는 채식을 하는 사람들에게는 꽤 유명한 곳이다. 도보 1분 거리에 있는 비건 레스토랑 〈남미플랜트랩〉, 베이커리 〈더 래빗〉과 짝꿍처럼 운영되고 있다. 케이크의 종류가 꽤 많을뿐더러 쉬는 날이 없다. 전날이나 당일에 급히 주문 홀케이크가 필요할 때도 전화로 문의해 보면 가능한 품목이 꽤 있다. 제철 과일에 따라 메뉴가 달라지지만, 일 년 내내 판매하는 시그니처 메뉴도 있다. 추천 케이크는 피스타치오 라즈베리 케이크와 레몬 머랭 타르트이다. 피스타치오 라즈베리 케이크는 고소한 피스타치오 페이스트와 상큼한 수제 라즈베리잼이 무척 잘 어울리고, 레몬 머랭 타르트는 논비건과 비교했을 때 차이를 모르겠다는 후기가 많았다. 견과류 알러지가 있는 사람들을 위한 넛츠 프리 케이크도 판매 중이다.

마뽀즈 비건케이크

📞 0507-1376-0049
📷 @mapause_vegan

    합정역 인근에 위치한 카페 〈마뽀즈 비건케이크〉는 원래 '라뽀즈'라는 이름이었다가, 2025년 3월에 상호명을 변경했다. 소젖, 닭알, 버터는 물론이고 백밀가루나 팜유, 생크림을 전혀 사용하지 않는 건강한 디저트를 만드는 곳이다. 현미 쌀가루나 오트밀가루를 사용한 글루텐 프리 디저트도 제법 많다. 빈티지한 내부 인테리어와 고급스러운 식기들이 큰 특징이다. 건강한 디저트를 만든다고 해서 맛을 조금이라도 포기했을 거라고 생각했다면 큰 오산이다. 합정역 번화가에서 7년째 한자리를 지키고 있다는 사실만으로 맛에 대한 검증은 이미 끝난 것과 다름없다. 추천하고 싶은 케이크는 당근 케이크와 말차 케이크 두 가지다. 앙금으로 만든 귀여운 미니 당근이 올라간 당근 케이크는 달달한 크림과 포실포실한 시트가 조화로운 맛을 만들어 낸다. 말차 케이크는 한 입 먹자마자 특유의 향이 물씬 풍겨 온다. 말차를 싫어하는 사람에게도 기꺼이 권하고 싶다. 깊고 진한 맛이 새로운 취향을 만들어 낼 것이라 감히 자부한다. 테라스에 앉아 티와 케이크를 마시며 계절마다 변하는 풍경을 즐기는 것도 놓칠 수 없는 재미이다.

앞으로의 빵집

📞 010-6662-2943
📷 @apbbang

익선동에 자리한 〈앞으로의 빵집〉 디저트에는 9가지의 재료가 들어가지 않는다. 소젖, 버터, 닭알, 흰밀가루, 흰쌀, 흰설탕, 흰소금, GMO, 방부제와 색소. 유지방이나 버터 대신 코코넛 오일과 콩기름을 쓰고, 소젖 대신 두유와 코코넛 밀크를 사용한다. 많은 사람들이 '앞빵'이라고 줄여 부르기도 한다. 매장은 목~토요일에만 운영하고 다른 날에는 원데이 클래스나 택배 작업을 한다. 매장 운영을 하지 않는 날에도 홀케이크 수령은 가능할 수 있으니 전화로 확인해 보는 걸 추천한다. 가장 대표적인 케이크 종류로는 Raw라임치즈 케이크와 조각 모둠 홀케이크가 있다. Raw라임치즈 케이크는 열을 가하지 않고 상큼한 라임치즈와 고소한 견과류 크러스트를 이용해 만든다. 조각 케이크로 구매하면 톰과 제리에 나오는 구멍이 숭숭 뚫린 치즈 모양으로 잘라 주고, 홀케이크로 주문하면 상큼한 라임 조각이 잔뜩 올라간 채로 나온다. 조각 모둠 홀케이크는 각각 다른 맛의 케이크 여덟 조각을 합쳐 만든 케이크다. 케이크 한 개의 가격으로 다양한 맛을 즐길 수 있으니 고민 없이 일단 도전해 보는 것도 좋겠다.

veganique

📞 0507-1325-8290
📷 @veganique_seoul

⟨베가니끄⟩는 이화여자대학교 근처 골목에 자리한 작은 카페다. 홍차와 잘 어울리는 다양한 케이크를 파는 ⟨베가니끄⟩의 문을 활짝 열고 들어서면, 도저히 참기 힘들 만큼 달달하고 고소한 빵냄새가 코끝을 자극한다. 맛있는 케이크만큼이나 유명한 건 얇고 긴 유리병에 담긴 노밀크 밀크티다. 얼그레이 찻잎을 두유에 우려내어 만든 진하고 달콤한 비건 밀크티가 매장 한켠의 냉장고에 가득 들어 있다. 차갑게 먹어도 좋고 따뜻하게 먹어도 맛있으니 케이크와 함께 맛보기를 추천한다. 문자나 전화로 홀케이크 주문 문의를 하면 빠르고 친절하게 안내해 주신다. 대표 디저트는 얼그레이 크럼블 케이크와 피넛버터 브라우니다. 이외에도 많은 종류가 있으니 직접 가서 조각 케이크를 먹어 보는 것도 좋겠다.

당시 추천받았던 위의 가게들과 겹치지 않는 선에서, 추천하고 싶은 케이크집이 몇 군데 더 있다.

라므아르

📞 0507-1395-3545
📷 @cafe_la_moire_

지금은 서울 망원동에 자리한 〈라므아르〉를 나는 전주에서 처음 만났다. 전주 여행에 가서 먹을 디저트를 찾아보던 중, 전북대 근처에 궁극의 케이크 맛집이 있다는 얘기를 접했다. 전주에 도착하자마자 후다닥 밥을 먹고 바로 〈라므아르〉로 향했다. 내부가 엄청 넓지는 않았지만 여유롭고 앤틱한 분위기가 마음에 들었다. 그리고 무엇보다 압도적으로 시선을 집중시키는 건 쇼케이스 안에 들어 있는 케이크의 높이였다. 두툼한 시트에 크림과 무스가 한가득 올려진 높고 두꺼운 케이크들. 매장에서 먹은 블루베리 코코넛 케이크와 다회용기에 포장해 와서 다음날 먹은 흑임자 케이크 둘 다 생김새만큼 근사한 맛이었다. 오로지 이곳의 케이크를 먹기 위해 다시 전주에 오고 싶다는 생각이 들 정도였다. 지금은 망원동에서 더 많은 종류의 디저트를 판매하고 있다. 추천하고 싶은 건 로투스 스모어 쿠키와 옥수수크럼블 치즈케이크다. 바삭한 크럼블과 샛노란 옥수수 알갱이가 들어 있는 짭짤하고 달달한 크림은 어디서도 맛볼 수 없는 〈라므아르〉만의 맛이다.

세컨드 브리즈

📞 0507-1324-7719
📷 @secondbreeze_vegan

〈세컨드 브리즈〉는 경기도 부천 상동의 조용한 골목에 있는 비건 카페다. 지하철로는 7호선 상동역이 가장 가깝다. 이곳 사장님에게는 간단하고도 알찬 베이킹 철학이 있다. "모두에게 '맛'있는 디저트를 만듭니다." 인스타그램에도 쓰여 있는 이 한 줄 소개글은 볼 때마다 든든한 감동이 있다. 비건이라고 해서 맛을 포기하는 일은 절대 없을 거라는 굳은 의지가 느껴진다. 나무 테이블과 의자가 가득한 내부는 따뜻하고 아늑한 느낌을 준다. 쇼케이스에는 케이크뿐만 아니라 다른 디저트도 가득하다. 갈 때마다 휘낭시에, 스콘, 쿠키, 타르트에 시선을 빼앗겨 케이크를 주문하지 못한 적도 많다. 그럴 때마다 찾아오는 아쉬운 기분을 홀케이크 주문으로 해소하곤 한다. 꼭 추천하고 싶은 케이크는 쫀득한 시트가 특징인 얼그레이 쇼콜라와 크리스마스 시즌마다 볼 수 있는 오레오 딸기 케이크다. 꾸덕하고 달달한 크림이 담백하고 부드러운 시트와 잘 어울린다.

다스브로트

📞 010-3476-0818
📷 @dasbrot.kr

〈다스브로트〉는 광주광역시에 있는 비건 쌀빵 전문 베이커리다. 처음 오픈했을 때는 광주공항 근처 마륵동에 위치한 작은 가게였는데, 2024년 9월에 광주시립미술관 1층으로 이사했다. 미술관 1층에 자리를 잡으면서 더 넓고 근사한 카페가 되었지만, 〈다스브로트〉는 테이블이 두 개뿐인 작은 카페였을 때에도 내부 인테리어가 무척 감각적이고 아름다웠다. 자연광이 쏟아지는 통유리 앞 하얀 테이블에

빵이 가득 든 쟁반을 내려놓고 하나씩 맛보던 기억이 아직도 생생하다. 현미가루와 두부크림으로 만들어진 홀케이크도 여러 번 주문했었다. 쑥케이크와 흑임자케이크 모두 선물용으로 주문했는데, 받은 사람들이 맛있다며 극찬을 하고 스스로 재주문을 해서 먹기도 했다. 지금은 인스타그램에서 홀케이크 관련 공지가 전부 내려간 상태라 빵을 위주로 맛보는 걸 추천한다. 고소한 향이 나는 쌀식빵 종류와 달큰한 크림빵이 이곳의 시그니처 메뉴다. 그중에서도 빵 표면에 검은깨가 촘촘하게 박혀 있는 흑임자 크림빵은 꼭 먹어 봐야 한다. 빵을 반으로 가르면 직접 만든 진회색 흑임자크림이 쏟아져 내리는 불변의 인기 메뉴. 한번 먹고 나면 오로지 이 빵을 먹기 위해 광주에 방문하고 싶어질지도 모른다.

나는 친구들과 함께 처음으로 먹을 비건 케이크를 카페 〈거북이〉에서 주문했다. 주문서에 있는 케이크 일러스트를 보며 한참 고민한 끝에 바나나 케이크를 골랐다. 부드러운 시트에 진득한 캐러멜 크림을 얹고 바나나를 가득 올린 동그란 케이크였다. 흔히 볼 수 있는 케이크 종류가 아니라는 점이 좋았다. 딸기 케이크와 같은 익숙한 맛을 주문했다가 논비건 케이크와 비교당할까 걱정되는 마음도 있었다. 소의 젖이나 닭의 알이 들어가지 않는 케이크와는 다른 맛이 나는 게 당연함에도, 나는 괜히 친구들의 입맛을 만족시키지 못할까 봐 걱정이 됐다. 친구들이 나로 인해 '비건' 디저트는 맛이 없다는 편견을 가지게 되는 게 싫었다. 그래서 굳이 한 번도 먹어 본 적이 없는 맛을 골라 바나나 케이크를 주문했다.

케이크를 먹은 친구들의 반응은 제각각이었다. 맛있다, 깔끔하다, 신기한 맛이다, 뭘로 만든 걸까, 진짜 우유가 안 들어갔다고? 확실히 새롭기는 한 것 같아. 나는 그 반응들을 구경하면서 케이크 한 조각을 조금도 남기지 않고 해치웠다. 예상했던 만큼 새로운 맛이었지만 걱정할 만큼 낯선 맛은 아니었다. 깔끔한 크림과 포실포실한 시트가 조화롭게 어울리며 그간의 걱정과 함께 녹아내렸다. 맛있는 바나나 케이크 덕분일까. 준비해 온 말들을 기꺼이 꺼낼 용기가 마음 한구석에 차오르는 게 느껴졌다. 더는 망설이고 싶지 않았다. 사랑하는 친구들 앞에서 솔직하고 싶었다. 나는 할 말이 있다며 정신없이 떠들고 있는 친구들을 멈춰 세웠다. 그리고 묵혀 왔던 모든 고민과 불안을 천천히 고백했다. 채식을 시작하게 된 진짜 이유, 다른 존재의 고통을 목격하고 느꼈던 감정, 이젠 먹을 수 없는 것들, 내 일상에 찾아온 커다란 변화를 털어놓는 시간이었다.

"우유 같은 거 있잖아. 우리가 먹는 치즈, 버터, 크림 이런 것들 전부 다. 사실 그건 송아지를 주기 위해 만들어 낸 소의 젖인 거잖아. 새끼를 임신하거나 낳아야만 젖이 나오는 거고. 그래서 낙농장에서는 얼른 새끼 낳고 젖 나오게 하려고 사람들이 소 자궁에 강제로 정액을 삽입한대. 만약 교배를 시킨다고 하더라도 여성 소를 가둬 놓고, 남성

소한테 발정제를 맞춰 흥분시켜 폭은 좁고 앞으로 전진만 가능한 우리에 욱여넣어 강간하게 만드는 다큐를 봤어. 소들은 몸의 방향도 돌릴 수 없는 좁은 공간에서 젖이 찢어질 때까지 평생을 착취당한대. 그렇게 착유당하다가 관절과 뼈가 망가져서 주저 앉은 소들을 다우너 소라고 부른다고 하더라고."

"모든 것이 어디서 어떻게 이 식탁까지 왔는지 알고 싶어. 모른 채로 먹고 싶지 않아. 너네한테까지 뭔가를 강요하는 게 아니야. 그냥 내가 먹지 않겠다는 거야. 나한테 찾아온 변화를 꼭 얘기하고 싶었어. 그래서 케이크도 내가 사 오겠다고 한 거야."

평소와 달리 진지한 이야기를 늘어놓고 난 후라 약간의 적막이 흘렀다. 친구들은 무슨 말을 해야 할지 고민하는 듯했다. 친구들끼리 편하게 대화할 시간이 필요할 것 같다는 생각에 화장실에 다녀오겠다며 자리를 떴다. 그리고 돌아와서 친구들의 대답을 들을 수 있었다. 가장 먼저 들었던 말은 이거였다. "그럼 네 앞에서는 고기 먹으면 안 되는 거야?" 솔직히 먹지 말라고 하고 싶었다. 하지만 신념을 강요하는 사람처럼 보이기 싫었다. 그렇다고 나 먹을 것만 있으면 되니까 너희는 편하게 육식하라고 말하기는 더더욱 싫었다. 친구가 던진 간단한 질문에도 대답하기 쉽지 않다는 게 낯설었다. 두 개의 대답이 입 밖으로 나오질 못 한 채로 까끌대며 목구멍에 머물렀다. 나는 결국 두 심정을 섞어서 대답했다.

"말리진 않겠지만 마음이 편하지도 않겠지."

그때 친구들의 각기 다른 얼굴이 아직도 기억 한 곳에 단단히 박혀있다. 고개를 끄덕이던 B, 불만 가득한 채로 입을 꾹 다물고 있던 H, 나를 포함한 모두를 걱정하던 S, 그냥 멍하니 앉아있던 Y까지. 솔직히 말하자면 나는 그 모든 얼굴이 익숙하고 좋았다. 전부 내 얼굴 같았기 때문이다. 내가 지나온 얼굴, 마주하게 될 얼굴, 지금 이 순간 나도 모르게 짓고 있을 표정 속에도 분명히 친구들의 얼굴이 있다고 생각했다. 그렇다면 이들에게도 분명히 내 일부가 녹아 있지 않을까. 완전히 같을 수는 없어도 어떤 점에서는 서로 닮아 있을 것이다. 우리가 오랫동안 나누었던 이야기들, 함께 보냈던 긴 시간들이 그 얼굴들에 묻어 있을 테니. 그렇게 생각하니 마음이 편안해졌다. 복잡하고 생경한 문제들을 풀어나갈 용기가 생기는 것 같았다. 내게 친구들은 세상을 바라볼 수 있는 가장 첫 번째 창문 같은 존재였고, 그 사실은 바뀌지 않았으니까.

나는 저 날 이후로 지금까지도 몇 년 동안 친구들과 수도 없이 대화를 나누고 때론 논쟁하고 있다. 우린 여전히 닮은 듯 다른 얼굴을 하고 각자의 입장을 대변한다. 나와 함께 식사부터 디저트까지 전부 채식을 하는 날이 있는가 하면, 나만 채식을 하고 친구들은 육식을 하는 날도 더러 있다. 그런 날에는 친구들이 내게 미안함을 표하기도 한다. 그리고 나 또한 때때로 친구들에게 미안함을 느낀다. 나로 인해 채식을 해서가 아니라, 시시각각 복잡하게 뒤엉키는 내 신념과 결심에 대해 온전히 설명할 충분한 언어가 내 안에 없다는 게 미안하다. 친구들은 나 스스로도 정의하기 어려운 내 변화를 친구라는 이유 하나만으로 가장 가까이서 지켜보며 함께해 주고 있으니까.

물론 확실하고 선명한 언어라는 것 자체가 허상에 가까울지도 모른다. 비거니즘은 우리에게 익숙한 질서나 사고방식은 아니니까. 애초에 우리 삶 속의 많은 것들이 육식주의라는 주류 질서에 의해 구축되어 있다. 나 또한 육식주의를 기반으로 아주 긴 시간을 살아왔고, 그 사고방식을 바탕으로 많은 것들을 누려 왔다. 익숙함 속에는 안락함과 편리함이 있고, 그것들은 삶 속에 빠르고 깊게 뿌리내린다. 아직도 내 안에는 육식주의적 사고방식의 갈래가 남아 있을 것이다. 하지만 나는 그런 근간까지도 잘 들여다보고 내 삶의 변화에 대해 설명할 수 있는 언어를 찾아 나가고 싶다. 단지 나 혼자 채식을 하는 것에 그치지 않고 끝없이 근본적인 질문을 던지며, 서로 다른 존재들과 어떤 관계를 맺을지 능동적으로 선택할 것이다. 그렇게 인간들, 동물들, 가족들 그리고 친구들과 함께 우리가 살아가는 세계를 만들어 나갈 수 있길 간절히 바라본다.

비건이 된 이후로 늘 복잡한 변화를 겪고 있는 내 곁에서, 변함없이 친구라는 이름으로 함께해 주고 있는 모든 이에게 꼭 하고 싶은 말이 있다. 몇 해 전, 희곡을 쓰는 사람으로서 작은 성취를 이루고 당선소감에 썼던 말이기도 하다.

"늘 든든하게 제 곁을 지켜 주는 친구들에게 고마운 마음을 전합니다. 말 많은 채식주의자 친구의 이야기를 귀담아듣고, 비건 식당과 카페를 함께 찾아 주어서 고맙습니다. 더 나은 세상으로 함께 걸어가며 모두와 오래도록 행복하고 싶습니다. 좋은 친구가 될 수 있도록 노력하겠습니다."

낯선 길 위에서,
V로그

"너는 여행 가서 뭐 먹어?" 비건을 실천하고 나서 정말 많이 들었던 질문 중 하나다. 개인차가 있겠지만 대체로 여행에서의 식도락은 무척 중요한 요소 중 하나니까 많이들 궁금해하는 거겠지. 나는 저 질문에 늘 같은 답을 한다. "국내? 해외?" 비건은 어디로 여행을 가는지에 따라 들어갈 수 있는 식당의 스펙트럼이 크게 달라지기 때문이다. 나는 틈만 나면 여행을 떠나는 사람이고 그 사실은 비건이 되고 나서도 달라지지 않았다. 물론 그 사실이 여행지를 선택하는 데에 아주 조금의 영향을 끼치기도 했겠지만. 채식과 함께했던 여행 중 가장 기억에 남는 여행지들 몇 군데를 소개해 볼까 싶다.

▌전주

국내에서 가장 먼저 떠오르는 여행지는 전주다. 아름다운 한옥으로 가득한 전주는 비건에게도 무척 친절하고 다정한 도시다. 오로지 식물성 디저트만 판매하는 카페를 쉽게 찾을 수 있고, 비건 식당이나 비건 옵션 메뉴를 판매하는 식당도 많다. 몇몇 광역시보다도 비건 인프라가 잘 구축되어 있다. 메뉴 선택지가 다양해서 여러 날을 묵으며 식도락을 즐겨도 될 정도다. 전통을 중시하는 도시의 분위기가 웰빙 및 슬로우 푸드와 맞닿아 있고, 국제영화제가 개최되는 커다란 관광도시라 다양성까지 챙길 수 있었던 게 아닐까 짐작해 본다.

개인적으로 추천하고 싶은 식당은 전주의 유명한 약선음식점 〈감로헌〉이다. 약선음식(藥膳飮食)은 한의학 이론에 바탕을 두고, 음식으로 건강을 다스린다는 개념에서 나온 전통적인 식사 방식이다. 말 그대로 '약'과 '선'이 결합된 말로, 몸에 이로운 식재료를 사용해 약처럼 먹는 음식인 셈이다. 그래서 약선음식 전문 식당에서는 조용하고 차분한 분위기에서 음식이 코스처럼 제공된다. 〈감로헌〉은 전북대 인근에 자리했을 때도 예약이 꼭 필요할 만큼 유명한 곳이었는데, 2025년 1월에 한국전통문화전당 1층으로 위치를 옮기면서 더 입소문을 타고 있다. 메뉴는 약선정식 코스, 단품으로 주문할 수 있는 눈꽃버섯탕수와 포장이 가능한 약선도시락이 있다. 정식 코스를 주문하면 연근조림, 표고강정, 각종 나물과 반찬, 샐러드, 버섯탕수, 콩불고기, 더덕무침 등 상다리가 부러질 정도로 많은 종류의 메뉴가 차려진다. 이를 다 먹을 때 즈음 진한 버섯된장찌개와 노란 치자밥이 나온다. 모든 코스를 다 먹고 나면 배가 터질 것처럼 부르겠지만 그래도 남기지 않고 먹는 걸 추천한다. 건강한 음식은 쉽게 소화되지만, 남기고 온 맛있는 음식은 머릿속에서 밤새도록 사라지지 않는 다는 점을 명심하자.

후식으로는 〈채식주의자의 무화과〉를 추천한다. 한적한 동네에 큼직하게 자리한 카페에서 맛있는 비건 디저트와 음료를 판매하고 있다. 비건 스무디나 요거트볼 같은 화려한 메뉴들도 맛있지만, 내가 이 가게에서 가장 맛있게 먹은 건 두유로 만든 쑥 라테와 폭신폭신한 녹차 카스테라다. 쑥이나 녹차 향이 진하지만 그 맛은 담백해서 호불호 없이 먹을 수 있으니 꼭 도전해 보기를 추천한다.

▌부산

부산은 비건 식당/비건 카페 지도가 매년 새로 업데이트될 정도로 비건 인프라가 탄탄하다. 전주처럼 많은 여행자가 방문하는 도시이기 때문일지도 모르겠다. 나는 본디 부산이라는 도시에 커다란 흥미가 없었다. 본가는 광주, 거주지는 서울이라 거리가 먼 탓이 컸다. 하지만 채식을 시작하고 나서는 얘기가 달라졌다. 부러 갈 일을 만들어서라도 매년 두 번은 방문할 정도로 부산을 좋아하게 됐다. 비행기를 탈 일이 생기면 굳이 김해공항으로 티켓을 끊고 하루 전날 부산에 갔고, 부산에서 열린다는 작은 행사에도 꼭 참여했다. 이유는 하나였다. 간 김에 맛있는 거 먹으려고.

부산에 갈 때마다 방문하는 식당 중 하나는 〈베지나랑〉이다. 광안리 해변을 따라 쭉 걸어가면 있는 민락동을 대표하는 비건 맛집이다. 사찰 음식을 베이스로 하는 퓨전 메뉴들이 많아서 무오신채, 비건, 건강식을 맛볼 수 있다. 다양한 메뉴를 코스 혹은 단품으로 주문 가능하다. 매장이 널찍하고 여유로운 느낌이라 어른들과 방문하기도 좋다. 시그니처 메뉴는 콩으로 만든 대체육을 바삭하게 튀긴 흑미콩까스다. 빵가루를 잔뜩 묻혀서 바삭하게 튀겨낸 콩까스는 우리가 소위 말하는 수제 돈가스 혹은 일본식 돈카츠와 비슷한 비주얼을 하고 있다. 함께 나온 걸쭉한 브라운 소스에 콩까스를 찍어 한 입 베어 물면, 부드러운 대체육과 바삭한 튀김옷이 환상적으로 어우러지는 걸 느낄 수 있다. 추천하고 싶은 또 다른 메뉴는 아보카도롤이다. 언뜻 보면 논비건 참치 김밥처럼 생긴 롤 안에는 간단한 재료들이 들어가 있다. 청상추, 오이, 콩단백, 현미밥을 넣고 돌돌 만 김밥에 아보카도를 얹고 하얀 두유 소스를 뿌린 게 전부다. 한 조각이 꽤 커서 먹기 어려워하는 사람들도 있지만 아보카도롤의 맛을 제대로 느끼기 위해서는 반드시 한 입에 먹어야 한다. 고소한 콩단백과 달달한 두유 소스, 부드러운 아보카도와 아삭한 채소가 어찌나 잘 어울리는지. 거의 매번 추가 주문을 할 정도다. 물론 이외에도 다양한 요리들이 준비되어 있으니 부산에 간다면 꼭 한 번쯤 방문해 보기를 추천한다.

후식은 망미동에 위치한 비건 베이커리 〈꽃사미로〉를 추천하고 싶다. 꽃 피는 4월, 밀 익는 5월이라는 뜻의 아름다운 이름을 가진 이 가게는 말 그대로 이름값을 하는 비건 베이커리다. 자연의 풍요로움과 계절의 다채로움을 담아낸 다양한 비건 빵과 디저트, 브런치 메뉴로 유명하다. 무엇보다 '얼굴을 알고 믿을 만한 농부'에게 직접 농산물을 받아와서 재배지를 명시하는 농부 실명제로 운영하고 있다. 이보다 안심이 되는 친환경 비건 철학은 없을 것이다. 추천하고 싶은 메뉴는 빵을 떡처럼 콩가루에 버무려서 만든 쑥콩버무리와 콘치즈빵인 콘소여의 모험이다. 여름에만 출시하는 바질 토마토 치즈 빙수와 브런치 메뉴인 머쉬룸 샌드위치도 〈꽃사미로〉만의 맛을 보여 주는 대표 메뉴들이다.

전주나 부산 외에도 추천하고 싶은 국내 여행지는 무척 많다. 20종의 버섯을 넣어 비건 전골을 만드는 식당과 쫄깃한 비건 초코 식빵을 파는 가게가 있는 강화도. 세상에서 가장 맛있는 들기름 두부구이와 인터넷 주문이 폭주하는 메밀전병을 품고 있는 영월. 2층짜리 커다란 비건 뷔페와 계절마다 메뉴가 달라지는 작고 정겨운 식당이 있는 목포 등. 생각보다 우리 주변 곳곳이 비건으로 가득 차 있다. 비건으로 국내 여행하며 즐겁게 배부르기. 충분히 가능한 일이니 누구나 시도해 보기를 추천한다.

비건이 된 이후로 해외 여행을 몇 차례 다녀왔는데, 놀랍게도 그 모든 여행에서 비건식을 하는 것에 큰 불편함을 느끼지 못했다. 기내식은 미리 'VEGAN(엄격한 채식)' 항목으로 바꾸어 추가금 없이 신청했다. 타이페이에서는 구글 지도에 vegan이라고 검색하자마자 수많은 식당이 쏟아져 나왔고, 후쿠오카에도 제법 많은 비건 식당이 있었다. 관광지로 유명한 베트남의 여러 도시에서도 비건 옵션이 추가되어 있는 식당을 어렵지 않게 찾을 수 있었다. 해외에서 비건 식당을 손쉽게 찾기 위해서는 '해피카우'라는 어플을 이용한다. 해피카우는 비건이나 베지테리언이 갈 수 있는 전 세계의 식당 정보를 제공하는 앱이다. 채식의 단계별로 조건 검색을 할 수 있을 뿐더러, 구글 지도를 기반으로 한 맵 서비스와도 잘 연동되어 있다.

▶ 핀란드

수많은 나라 중에서도 가장 즐겁고 편안한 비건 여행이 가능했던 곳은 핀란드다. 소문으로만 들었던 북유럽의 비건 인프라를 몸소 체험하고 온 여행이었다. 핀란드는 국가에서 식물성 식사로 영양 섭취를 권고할 정도로 채식에 진심인 나라다. 그만큼 어디를 가더라도 비건 메뉴를 만날 수 있고, 마트에도 식물성 식료품이 가득하다. 십수 가지의 대체육과 수십 가지의 대체유, 유명 브랜드의 비건 냉동식품과 비건 초콜릿, 비건 소스 등. 선택의 폭이 상상을 뛰어넘을 정도로 방대하다. 비건이 소외당하지 않는 나라라고 할 수 있겠다.

핀란드의 소도시 기차역에서 긴 시간 동안 대기해야 했던 날, 나는 배고픔을 참지 못하고 역의 구석진 곳에 딸린 작은 식당으로 향했다. 낡고 오래된 소파와 테이블, 하릴없이 불빛만 돌아가는 사행성 게임기들이 가게를 가득 채우고 있었다. 간단한 먹을거리 몇 가지만 판매하는 휴게소 간이 식당 같은 분위기였다. 나는 아무런 기대 없이 점원에게 혹시 비건 메뉴가 있을지를 물었다. 없다고 하면 가장 작은 사이즈의 감자튀김이나 하나 시켜 먹을 요량이었다. 하지만 돌아온 답변은 내 예상과 달랐다. 점원은 밝게 웃으며 "당연히 있지. 메뉴판 아래쪽에 적힌 것들이 비건 메뉴야."라며 샌드위치와 샐러드를 비롯한 음식들을 안내해 주었다. 나는 작은 도시의 구석진 가게에서도 밥을 먹을 수 있다는 사실이 무척 기뻤다. 군 단위의 지역부터는 롯데리아에 비건 메뉴를 들여놓지 않는 내 나라를 떠올리며, 몇 가지 음식을 주문해서 남기지 않고 전부 먹었다.

Banue café

📍 Länsisatamankatu 24 A, 00220 Helsinki
📷 @banu.cafe

〈Banu café〉는 Jätkäsaari(예트캐사아리)라는 헬싱키 서쪽 해안 지역에 위치하고 있다. 헬싱키 중심부에서 15분 정도 트램을 타고 가면 된다. 〈Banu café〉는 페르시안 퓨전 카페로, 채식주의자를 위한 다양한 메뉴를 판매하고 있다. 따뜻하고 아늑한 분위기와 아름다운 인테리어로 현지인과 관광객 모두에게 사랑받는 식당이다. 주로 전통 이란 요리와 현대적인 감각이 어우러진 중동 스타일의 브런치를 선보인다. 덕분에 샐러드, 볶음밥, 라자냐, 만두, 빵과 케이크, 여러 종류의 커피를 한번에 즐길 수 있다. 인기가 많은 피스타치오 케이크나 초코 머핀은 일찍 매진될 수 있으니 되도록 일찍 방문하는 걸 추천한다. 주말에는 오전 11시부터 오후 3시까지 뷔페식 브런치를 제공하고 있다. 브런치 뷔페의 가격은 성인 €24.90, 6~12세 어린이 €10, 3~5세 어린이 €5, 3세 미만은 무료다.

핀란드는 외식만으로 매 끼니를 챙기기에는 물가가 만만치 않은 나라다. 그래서 나는 한 달간의 여행 중 많은 끼니를 직접 요리해서 차려 먹었다. 마트에 즐비한 수많은 비건 식료품들을 전부 경험하겠다는 마음으로 이틀에 한 번씩은 장을 봤다. 비건 밀키트, 비건 치즈, 식물성 대체육과 냉동식품들을 사서 착실하게 맛보고 즐겼다. 하지만 그토록 열심히 마트를 들락거리며 요리를 했음에도 불구하고, 여행의 마지막 날까지 마트에서 처음 보는 비건 식료품들을 마주해야 했다. 그만큼이나 핀란드 마트에서는 비건의 선택지가 다양하다. 지금도 핀란드 하면 가장 먼저 떠오르는 건 아름다운 오로라도, 끝없이 펼쳐진 설원도 아니다. 알록달록하게 가득 차 있던 마트의 비건 냉장고만이 사무치게 그립다.

🏁 대만

대만은 가히 비건이 여행하기 가장 좋은 나라 중 하나다. 오랫동안 불교의 영향을 받아 채식주의가 나라 전반에 익숙한 문화로 자리 잡혀서일까. 다양한 채식 메뉴와 채식 옵션을 제공하는 식당이 어느 도시에나 흔하게 분포되어 있다. 무엇보다 수도 타이페이에는 현대적인 비건 레스토랑이 많다. 버거나 샌드위치 같은 비건 패스트푸드는 물론이고 로컬 메뉴나 다른 나라 음식을 비건으로 재해석한 요리도 많다. 또한 식당 입구나 메뉴판에 비건 인증 표기가 잘 되어 있다. 여행자 입장에서는 이보다 편하고 좋을 수 없다.

심지어 야시장에도 비건 여행자가 마음 편히 즐길 수 있는 메뉴들이 제법 있다. 비건 딤섬, 채소 튀김, 버섯 꼬치 등이 오감을 사로잡는다. 콩고기와 같은 대체육도 여러 방향으로 개발되고 있어서, 많은 종류의 대체육 메뉴를 만날 수 있다. 콩고기 완자가 들어간 따뜻한 탕국이나 콩고기 고명이 올라간 볶음요리는 색다른 맛을 선사한다. 이게 다가 아니다. 대만은 남방국가라 이색적인 열대 과일까지 즐길 수 있다. 다양한 열대 과일을 그대로 썰어 주는 곳도 있고, 신선한 주스나 빙수로 만들어 파는 가게도 심심찮게 볼 수 있다.

대만에서 채식 식사를 할 때는 이 단어들을 알아두면 좋다.
- **全素**(전소) : 완전한 비건
- **純素**(순소) : 완전한 비건
- **蛋素**(단소) : 닭알이 함유된 채식
- **奶素**(내소) : 소젖이 함유된 채식

啼岸 Vegan Resort

📍 No. 133號, Guling St, Zhongzheng District, Taipei City
📷 @veganresort

　제안(啼岸)은 '우는 언덕'이라는 뜻이다. 특이하고 서글픈 가게명과 달리 식물이 무성할 정도로 가득한, 아름다운 비건 브런치 가게다. 흔히 생각하는 간단한 브런치 메뉴만 있는 건 아니다. 면 요리나 전병 같은 가정식도 있고 버거나 샐러드 종류도 다양하다. 디저트나 음료 메뉴도 있어서 식사가 끝나고 느긋하게 차를 마시며 대화를 나누기도 좋다. 나는 Veggie Taiwanse Pancake(대만식 전병), V-Ham Fried Rice(비건 햄 볶음밥), Red Seaweed Noodles with V-Egg(붉은 해초 볶음면과 비건 닭알), 이렇게 세 가지 메뉴를 먹었다. 솔직히 특별한 맛을 기대하지는 않았는데, 예상을 뒤엎고 모든 메뉴가 처음 접하는 맛이었다. 완전히 새로운 영역의 '맛'이었다고 해야 할까. 대체 가공품의 맛도 한국에서 먹어 봤던 것들과는 결이 완전히 달랐다. 육식 재현에 충실하지 않으면서도 식감과 향에서 풍미가 느껴지는 맛이었다. 결국 나와 일행은 그 독특한 맛을 잊지 못하고 여행 마지막 날 공항에 가기 전, 〈제안〉에 다시 한 번 방문했다.

　또 하나 놀라운 사실은 이곳이 비건 레스토랑 겸 헤어 살롱(미용실)이라는 것이다. 유기농 제품이나 동물 실험을 거치지 않은 크루얼티 프리(Cruelty Free)[8] 약품을 사용하여 파마, 염색, 커트 등의 서비스를 제공한다. 가게 안쪽을 들여다보면 헤어 살롱을 위해 따로 분리되어 있는 공간이 있다. 살롱 서비스는 예약제로 운영되므로, 만약 이용할 계획이 있다면 방문 전에 미리 예약하기를 권장한다.

慈鴻素食

📍 Jishan St. No. 65

📞 +886 979 723 069

대만을 여행한다면 다들 한 번씩은 간다는 지우펀. 지우펀은 대만 북부에 위치한 아름다운 산간 마을로, 빨간 등불과 전통 건축물의 조화가 매력적인 분위기를 만들어 내는 곳이다. 이곳만의 독특한 풍경을 보기 위해 많은 관광객들이 지우펀에 방문한다. 지우펀의 옛 거리는 좁고 구불구불한 골목길로 이루어져 있는데, 이 좁다란 길에 다양한 먹거리들과 기념품 가게, 찻집이 즐비해 있다. 〈자홍채식〉은 그 거리 한복판에 자리한 완전 비건 레스토랑이다. 가게 외벽에 'VEGAN'이라고 적힌 빨간색 표지판이 붙어 있어서 쉽게 찾을 수 있다.

메뉴는 주로 대체육을 중심으로 구성되어 있다. 대체육과 채소가 들어간 죽과 덮밥, 대체육 완자가 들어간 탕국, 국수 등이 있다. 〈자

---

[8] 동물 실험을 거치지 않거나 동물성 원료를 사용하지 않은 제품

홍채식〉에 막 도착했을 때의 나는 몇 시간째 제대로 된 식사를 하지 못한 데다가 비까지 쫄딱 맞아서 온몸이 시린 상태였다. 국수를 주문하고 기다리는데 주변을 천천히 둘러보니 모든 테이블 위에 같은 음식이 올라와 있는 것이 눈에 들어왔다. 하얗고 동글동글한 찹쌀 반죽 위에 진회색 흑임자가루와 고소한 콩가루가 뿌려져 있는 모찌였다. 호기심이 일어 바로 주문했다. 친절한 주인 부부는 주문을 받자마자 가게 입구에 있는 솥단지의 뚜껑을 열었다. 그리고 끓는 물에서 막 건져내어 반질반질한 모찌를 그릇에 담았다. 그 위로 두 종류의 가루를 뿌리고, 그릇이 우리 테이블 위에 놓이기까지 채 30초가 걸리지 않았던 것으로 기억한다. 김이 솔솔 피어 오르는 따끈한 모찌를 한 입 베어 물었을 때의 행복감은 말로 다 할 수 없을 정도다. 춥고 지친 상황 때문이었는지 몰라도 내게는 이 날이 유난히 커다란 기억으로 남아 있다. 지우편에 가게 된다면 꼭 〈자홍채식〉의 모찌를 먹어 보기를.

나는 대만을 총 두 번 여행했다. 처음은 채식주의자가 되기 전이었고, 두 번째는 채식주의자가 된 지 4년 차에 다녀왔다. 분명히 같은 나라를 여행하는 것임에도 두 여행은 내게 완전히 다른 경험을 선사했다. 첫 방문 때는 이국적이고 아름다운 나라를 관광하느라 정신이 없었다면, 두 번째 방문에서는 채식주의자로서 편리함을 넘어 편안함을 느낄 수 있었다. 대만에서의 '채식'은 단순히 유명 관광지의 옵션이 아닌 한 나라의 평범한 문화적 갈래였다. 나는 모두의 가치와 철학을 존중하는 대만 특유의 자유로움이 '환대'의 영역이라는 생각을 했다. 한식을 심하게 사랑하는 내가 처음으로 다른 나라에 살아도 괜찮겠다는 생각을 할 정도였으니까.

나는 어디서든 비건을 실천할 수 있다고 믿는다. 직장에서도, 부모님과 함께 밥을 먹을 때도, 처음 보는 사람과 식사를 해야 할 때도 가능하다. 당연히 낯선 도시를 여행할 때도 마찬가지다. 처음 가 보는 도시에서 누구도 고통스럽지 않고 누구나 먹을 수 있는 메뉴를 찾아내며 모두와 연대하기. 생각지도 못했던 곳에서 근사한 식물성 요리를 발견하고 따뜻한 반가움을 마주하기. 그게 비건 여행의 커다란 묘미 중 하나다. 어렵거나 제약적이라고 생각하지 말고 비건 테마 여행을 훌쩍 떠나 보자. 낯선 길 위에서 많은 것들을 발견해 낼 수 있으리라고 믿는다.

비건의
경조사

    비건을 실천하는 이들은 '엄격함'으로 다른 존재와 함께하려고 노력한다. 엄격할수록 더 많은 것을 지키고 다른 존재가 겪는 고통의 총량을 줄일 수 있다고 믿는다. 그건 어떤 순간에도 사라지지 않는 중요한 명제다. 이는 타인의 기쁨과 슬픔 앞에서도 다르지 않다.

    비건을 실천하기 시작하고 나서 이상할 정도로 장례식장에 갈 일이 많았다. 코로나 시기에 쏟아지듯 갑작스럽게 들려오는 부고 소식들이 어색하고 슬펐다. 그리고 가까운 이의 죽음을 받아들이는 게 마음처럼 되지 않아서 자주 삐걱댔다. 무엇보다 부고 알림을 볼 때마다 매번 머릿속을 스치고 가는 질문이 나를 한층 더 괴롭게 했다. '빈소에 가서 식사는 어떻게 해야 하지.' 누군가의 죽음 앞에서 이런 고민을 하고 있다는 것 자체가 안겨 주는 묵직한 죄의식이 있었다. 그래도 최선을 다해 고민했다. 슬픔과 무관하게 타협하고 싶지 않은 것들이 분명히 있었으니까.

이전에는 잘 몰랐었는데 비건이 되고 나니 장례식장에서 나는 냄새부터가 무척 생경했다. 고기 누린내가 나는 국과 반찬, 홍어 비린내 등. 이제는 더 이상 내 일상에서 맡을 일이 전혀 없는 냄새가 온 공간을 집어삼킨 듯했다. 서글프고 황망한 와중에도 그 냄새들을 마주하며 죽음에 대해 생각하고 죽은 동물들을 떠올렸다. 죽은 누군가를 위해 죽은 채로 접시에 올라와 있는 존재들. 죽음이 죽음을 위해 쓰이고 있다는 점이 기이하게 느껴졌다.

식사를 할 건지 묻는 상조회사 직원에게 정중하게 거절하고 자리에 앉았다. 같은 테이블에 앉은 지인들이 모두 식사를 하는 와중에 혼자 그냥 앉아 있으려니 조금 민망하긴 했으나, 그래도 굳이 먹고 싶지는 않았다. 사람들은 왜인지 그런 내게 자꾸 음식을 권했고 나는 괜찮다며 거절하는 상황이 몇 차례 반복됐다. 그러자 멍하니 굶고 있는 나를 나무라는 사람들이 생겨났다.

"장례식에선 조문객이 밥을 잘 먹어야 죽은 사람이 좋은 곳에 간다. 그게 예의야."

그들은 저런 언어로 나를 다그쳤다. 저 말을 듣고 정말이지 마음이 아팠고 동시에 머리도 아팠다. 내가 편육을 먹지 않는다는 이유로 죽은 이가 좋은 곳에 가지 못 한다는 게 말이 되나. 터무니없는 소리라는 걸 알면서도 가슴 한편이 쿡쿡 쑤셨다. 친구가 살아서 이런 나를 보면 뭐라고 했을까 잠깐 고민도 해봤다. 미련하다고 했을까, 이러지 말라고 했을까. 네가 하고 싶은 대로 하라고 했을까.

나는 결국 나 먹으라고 차려온 밥상 앞에 어거지로 앉았다. 도저히 고기가 둥둥 떠다니는 국을 먹을 수는 없어서 흰 밥만 푹푹 떠서 두어 숟가락 먹다가 조금 울었다. 죽은 친구와 죽은 동물을 생각하니 눈물이 났다. 뭐가 옳은 건지 뭐가 잘하는 짓인 건지, 어떻게 해야 하는 건지 도무지 알 수가 없어서 더 슬펐다. 숟가락을 들고 눈물을 뚝뚝 흘리는 나를 보고 누군가는 유난스럽다고 했고, 또 다른 누구는 불쌍하다고 했다. 나는 그날 입관을 보러 가서 누워 있는 친구에게 좋은 곳에 가라고 얘기했다. 밥 대신 떡 먹었어. 예의 없어서 미안해. 정말로.

나는 길고도 짧은 장례 기간 때마다 그냥 내가 살던 세계로 돌아가고 싶었다. 아무도 날 나무라지 않고, 매일 아침 누구도 죽지 않는 음식을 만들고 설거지를 하고, 책을 읽고 산책하는 내 삶으로 돌아가고 싶었다. 사랑하는 사람들이 죽었는데 빈소에서 밥 한 끼를 제대로 못 먹고 굶어야 한다는 사실이, 고기를 먹어야만 진정한 애도와 추모를 할 수 있다는 게 자꾸 나를 아프게 찔렀다. 그 중첩된 서글픔이 나를 마구 짓눌렀다.

삶의 균형이란 참 묘한 것이라, 이토록 깊은 슬픔의 시간을 지나고 나면 또 어느 순간 누군가의 시작을 함께 축하하는 자리에도 서 있게 된다.

청첩장을 줄 때 으레 많이들 하는 말이 있다. "와서 편하게 밥 먹고 가." 나는 이 말을 들을 때마다 참 적절한 표현이라는 생각을 했다. 한국인을 어딘가에 초대하기에 밥만 한 핑계가 없으니까. 밥 먹고 가라는 식으로 가볍게 건넬 수 있는 말이지만 결코 밥을 대충 대접하는 일은 없는 민족에게 무척 어울리고 격식 있는 초대 문구가 아닌가.

물론 이제 나는 저 말을 들을 일이 없어졌다. 내게 청첩장을 줄 만한 사람들은 모두 내 식이 지향에 대해 인지하고 있고, 그래서 내가 규범적인 예식장에서 딱히 먹을 수 있는 게 없다는 사실도 잘 알고 있으니까. 편하게 와서 밥이나 먹고 가라고 얘기할 수는 없겠지. 그렇다고 결혼식을 초대하면서 "답례품이나 받아 가."라고 말할 수도 없을 텐데. 이런 딜레마 속에서 상대도 나도 조금은 곤란한 상황이 펼쳐지기 마련이다. 초대하는 이가 특히 고민이 많아 보인다. 먹을 수 있는 게 없는 사람에게 내 결혼식에 꼭 와서 축의금 내고 결혼을 축하해 달라고 하는 게 쉬운 일은 아니니까.

뷔페는 그나마 괜찮을 수 있다. 먹을 수 있는 떡이나 밥과 채소를 골라 먹으면 되니까. 하지만 식 도중에 코스로 끊임없이 요리가 나오는 곳은 정말 곤란하다. 음식을 가져온 직원에게 식사는 하지 않겠다고 말해야 하고, 다음 코스를 가져온 다른 직원에게 또 말해야 하고, 다음 접시를 가져온 또 다른 직원에게 다시 말해야 한다. 그 과정에서 약간의 잡음도 생긴다. 아예 안 드신다고요? 다음 메뉴도요? 그렇다고 대답을 해도 믿을 수 없다는 표정으로 되물어 올 때도 있다. 커다란 원형 테이블에서 이런 공방을 몇 번 주고받으면 다른 하객들의 눈치가 보인다. 말없이 메뉴를 받고 식사를 하며 결혼식에 집중하는 사람들이 힐끔대기 시작하면 더 민망하다. 어딘가 모난 사람이 된 것 같은 기분도 든다.

식사를 하지 않고 답례품을 받아 가려고 해도 문제가 없는 건 아니다. 논비건 빵이나 술로 답례품이 마련되어 있거나, 유당이 들어간 영양제나 녹용을 주는 곳도 있다. 과일잼 세트나 수건이 있으면 바꿔서 받아오지만, 딱히 가져갈 수 있는 답례품이 없으면 결혼식만 보고 그냥 돌아온다. 문제는 결혼 당사자들이 이런 내게 굉장히 미안해한다는 점이다. 그냥 평범하게 축하해 주고 싶었을 뿐인데 서로에게 미안하고 머쓱해지는 게 아쉽고 억울하다.

예식장 측에 이야기해서 먹을 수 있는 음식을 마련해 주는 이들도 있다. 스테이크를 채소 구이로 변경해 주거나 뷔페에 있는 음식 중 무엇이 비건인지 알려 준다. 그런 결혼식은 걱정 없이 오로지 축하의 마음만 가지고, 보다 편안히 다녀올 수 있다. 혹자는 따로 만나서 비건 식당에서 밥을 사주기도 한다. 획일화된 결혼 문화 안에서 어떻게든 나를 존중하려는 지인들의 노력이 고맙고 귀하게 느껴진다.

그래도 최근에는 비건 결혼식에 대한 소식이 꽤 자주 들려온다. 채식 인구가 늘어나고 기후 위기로 인해 비건에 대한 수요가 많아졌다는 걸 인지한 업체와 함께 비건 웨딩을 진행한 이의 결혼식 기사가 올라오기도 했다. 무엇보다 주변의 채식주의자 친구들이 결혼식에 다녀오며 결혼 당사자인 지인과 시도해 본 이런저런 방법들을 공유한다. 실패하거나 별다른 방법을 찾지 못했다는 사례가 많지만, 그렇다고 해도 이 모든 것이 결코 작은 시도는 아니다. 이는 세상에 다양성을 더하는 일이며 누군가의 고통을 덜어 내려는 노력이고, 모두가 있는 그대로 인정받을 수 있는 유의미한 부딪힘이다.

경조사의 뜻은 '경사스러운 일과 불행한 일'이다. 가까운 이의 삶에 찾아오는 기쁨과 슬픔을 진심으로 마주하고 함께하고 싶은 건 누구나 가지고 있는 마음이다. 비건도 마찬가지다. 대접받은 음식을 먹으며 잘 살기를 바라는 마음으로 결혼을 축하하고, 죽은 이가 무사히 좋은 곳으로 갈 수 있기를 빌기. 너무나 평범한 일이다. 비건이 굳이 신념과 가치를 포기하거나 타협하지 않고도 이런 평범함을 충분히 수행하는 것이 가능한 날이 오기를 간절히 소망한다.

국물 요리도 먹는다니까
감자 수제비

✽ 재료

| 국물
감자 2개
양파 1개
애호박 반개
당근 약간
대파 한 줌(송송 썰기)
연두 비법육수링 1알(다시마표고야채)
다진 마늘 1큰술
국간장 1큰술
소금/간장(간 조절)
후추 아주 조금

| 반죽
밀가루 2컵
물 반 컵(약 125mL)
소금 세 꼬집
식용유 1큰술

✽ 조리법

1. 큰 볼에 밀가루, 소금, 식용유를 넣고 물을 조금씩 넣으면서 손으로 치대기
2. 반죽이 질지 않고 손에 약간 붙는 느낌이 들면 랩 씌워서 30분 정도 냉장고에서 숙성하기
3. 연두링을 넣고 물 끓여서 육수 만들기
4. 감자 → 당근 → 애호박 → 양파 순으로 넣고 끓이기
5. 국간장과 다진 마늘 넣고 간 맞추기
6. 숙성된 반죽을 손으로 얇게 뜯어서 국물에 넣기
7. 반죽이 익어 투명해지면 대파와 후추 넣기

팁 얼큰하게 먹고 싶다면 청양고추 1개, 고춧가루 반큰술 넣어 주세요!
채소를 조금씩 남겨 놓았다가 마지막에 죽까지 만들어 드세요!

비건의 혜화동 일상

비거니즘 희곡 쓰기

"비거니즘 희곡이 뭐예요?"

누군가 내게 이런 질문을 한 적이 있다. 나는 그때 이렇게 대답했다. 동물을 먹지 않고 쓰지 않고 입지 않는 희곡입니다. 이 답변만으로 '비거니즘 희곡'에 대해 전부 설명할 수는 없을 것이다. 하지만 적어도 지금 내가 쓰고자 하는 글만큼은 저렇게 설명해도 부족하지는 않다. 희곡 속 인물들이 동물을 먹지 않고, 인물을 연기하는 배우들이 동물을 입지 않고, 그들이 존재하는 무대 위와 뒤에서 동물을 쓰지 않는 것. 모든 과정 속에서 이를 반드시 지켜 내는 것. 그것이 내가 지향하는 비거니즘 희곡의 출발선이다.

나는 글을 쓸 때 특별한 루틴을 가지고 있지는 않다. 그냥 되는 대로 쓴다. 동시대(성)를 감각하는 것 또한 느린 편이다. 나는 기질적으로 뭔가를 감각하거나 불편을 발견해 내는 것에 아주 둔감하다. 그래서 기민하고 사려 깊은 친구들의 목소리에 귀를 기울인다. 존경하는 친구들이 무엇을 감각하고 있는지, 어떤 것들이 우리를 화나게 하거나 멈춰 세우고, 또 죽게 만드는지, 나는 왜 이유도 모른 채 답답함을 앓고 있는지. 이런 것들에 귀 기울이고 고민하며 겨우겨우 스스로의 체중을 인지한다. 인지하고 나서도 그것들을 소화하고 체화하는 과정 또한 더디게 이루어진다. 이런 기질은 글을 쓰는 직업과 그다지 어울리지도 않고, 오히려 비효율적인 편이다.

그래서일까. 동물권에 관심을 가지고 희곡을 쓰기 시작한 후로는 꼭 지키는 절차가 하나 있다. 하나의 작품을 쓰기 전에 관련 자료를 아주 오랜 시간 동안 수집하는 것이다. 논문을 읽거나 기사를 찾아보고, 당사자와의 인터뷰를 통해 살아 있는 데이터를 모아 나간다. 그 자료들을 내 나름의 방식대로 이해하고 정리한 후에야 인물이나 이야기의 짜임을 만들기 시작한다. 비(非)인간동물의 권리에 대해 쓴다는 것은 무척 어렵고 섬세함을 요하는 일이라 더욱 이런 과정이 필요하다. 인간인 나와 비인간동물의 관계에 대해 명확하게 짚어 내고, 다름과 같음이 공존한다는 점을 분명하게 인지해야 한다. 가해자인 나와는 분명하게 다른 존재들이지만 생명을 가진 입장에서는 모두 같은 존재라는 걸 항상 되뇐다. 단순히 동물을 귀엽고 예쁜 존재로서 애호하는 관점이 아니다. 그들이 인간인 우리와 같은 생명권을 지니고 있으며 학대당하지 않을 권리를 가지고 있다는 것에 대해 쓰기 위해서다.

 나는 농장동물, 전시동물, 실험동물 등 모든 비인간동물의 삶과 인간이 그들에게 행하는 폭력과 착취에 대해 적나라하게 고발하는 이야기를 희곡의 언어로 써내려 가고 있다. 자신이 무엇을 어떻게 죽이고 밟은 채 서 있는지 알고 나면, 많은 이들이 생활 속에서 가능한 만큼 행동 양식을 바꿔 나갈 수 있지 않을까 기대해 본다. 몰라서, 모르기 때문에 그냥 먹거나 입고 소비하는 사람들이 있다. 나 역시 그 중 하나였다. 현대인은 착취의 결과물을 마음 편히 누리기 위해 죄책감을 차단하는 소비구조를 만들어 놓았으니, 희곡과 연극을 통해 그 구조를 고발하는 것만으로도 분명히 유의미한 지점이 있을 거라고 믿는다.

 동물해방운동은 다른 해방운동과는 달리, 해방되어야 할 존재들이 스스로 저항할 수 없다. 따라서 인간이 주도할 수밖에 없다. 동물권 희곡을 쓰는 것도 마찬가지다. 동물의 삶을 보여 주고 고발하는 것에서 그치고 싶지 않다. 궁극적으로는 이야기를 통해 억압의 주체이자 같은 인간들을 얼마나 효과적으로 설득하느냐가 중요한 과제인 셈인데, 그 과정에서 인간중심적인 사고를 완전히 내려놓을 수 있을까. 이와 같은 무결함에 대한 압박과 죄책감으로 인해 많은 이들이 딜레마에 빠진다.

나 또한 마찬가지다. 동물권에 대한 희곡을 쓰는 내내 스스로가 타협하고 있다는 게 느껴질 때가 많았다. 희곡 속에 현실을 그대로 담아내는 것이 오히려 거부감을 불러일으키지는 않을까. 그렇다면 어떤 언어가 가장 효과적으로 사람들에게 가 닿을 수 있을까. 현실을 고발하며 죄책감과 양심을 자극하되, 도덕성을 비난하는 것으로 끝나서는 안 되는데. 내내 이런 고민을 하다 보면 회의감이 든다. 그렇게 대사를 한 줄도 쓰지 못한 채로 하루가 지나가 버릴 때도 있다. 그럴 때마다 고민 끝에서 늘 같은 지점으로 돌아온다. 어쩔 수 없다는 결론. 무엇보다 확실한 건 하나다. 내가 동물권에 대해 희곡을 쓰는 건 동물들이 느끼는 고통의 총량을 줄이기 위한 것이지, 비건인 나의 도덕적 숭고함을 주장하기 위한 것은 아니라는 거다. 내 신념과 작품 간의 일관성보다 중요한 것은 지금 이 순간에도 고통받는 동물들이고, 나는 그 숫자를 하나라도 줄이기 위해 가장 효과적인 언어를 찾아내야 할 뿐이니까. 이런 생각을 하면서 스스로의 부조화를 인정할 수 있도록 용기를 낸다.

연극을 통해 동물에 대한 인지부조화를 없앨 수 있을까. 사람들은 대부분 동물을 좋아하고 사랑하지만, 동물을 먹는 것도 좋아한다. 식탁 위의 고기가 이름이 있는 존재로 다가오지 않기 때문에 그렇다. 신나게 동파육을 먹었는데, 다 먹고 나서 사실 이건 치와와를 조린 거야, 라고 말하면 많은 이들이 완연하게 다른 반응을 보일 것이다. 사실 그 음식은 내내 동물의 살점이었을 뿐인데 왜 이런 현상이 일어날까. 그저 인식 차이다. 돼지의 살점과 치와와의 살점에 실질적인 차이가 있어서가 아니라 우리가 그들을 달리 인식하기 때문이다. 공원을 산책하고 사람의 품에 안겨 있거나 편히 잠들어 있는 치와와의 모습은 쉽게 그려지지만, 돼지고기를 보고 살아 있는 돼지를 떠올리는 사람은 거의 없다. '인간의 눈에 귀엽고 사랑스러운지'를 기준 삼아 누군가는 도축장에서 무참하게 살해당하고, 다른 누군가는 평생 동안의 안전과 보살핌을 보장받는 것. 나는 이 차이가 굉장히 핵심적이라고 느낀다. 이 부조리에서 출발해야만 동물에 대한 이야기를 우리 모두의 이야기로 확장시킬 수 있는 서사가 만들어질 거라는 막연한 확신이 있다.

연극을 사랑하는 많은 사람들이 유의미한 사회적 논의를 이어가고 있다. 하지만 한국 연극계에서 종평등과 비거니즘은 아직 낯선 것이 사실이다. 대한민국에서만 매일 300만 명에 가까운 농장동물들이 살해당하고 있는데도 인간종에 속하지 않았다는 이유만으로 그들의 고통은 후순위가 된다. 나는 이 모든 동물의 고통과 현실을 당연하게 여기지 않는 희곡이 많아지기를 절실하게 기다리고 있다. 치킨이나 소젖, 삼겹살을 먹지 않는 인물들, 동물의 가죽을 걸치거나 신지 않는 배우들이 보고 싶다. 무대가 화려하지 않아도 좋으니 무대 위에서만큼은 모든 존재가 동등해질 수 있기를 바란다. 특별히 비거니즘에 대해 이야기하거나 채식주의자인 인물을 등장시키는 게 아니더라도, 서사를 위해 꼭 필요한 게 아니라면 작품을 위해 동물을 소비하는 행위를 소거하는 건 충분히 가능한 진보가 아닐까.

나는 앞으로도 학살당하는 동물들의 모습과 자유롭게 해방된 그들의 모습을 꾸준히 희곡 속에 담아내려고 한다. 우리가 식탁에서 음식을 마주했을 때, 뛰어다니는 닭과 편안하게 잠든 돼지와 기쁨과 슬픔을 느끼는 소를 떠올릴 수 있도록. 동료들과 그들의 이야기를 공유하고 함께 만들어 무대 위에 올리고 관객들을 만나고 싶다. 그날 극장을 나서서 우리가 먹게 될 음식만큼은 동물이 아니기를, 그래서 동물이 한 명이라도 덜 죽을 수 있기를 간절히 바란다.

돼지 새벽의 이름을 빌려 썼던 희곡 〈훔쳐온 손님〉과 함께 발표했던 소개글이 있다. 앞으로도 비거니즘 희곡이 무엇인지 성실하게 찾아 나가겠다는 결심과 함께, 그 소개글을 다시 한 번 이곳에 남겨본다.

한때는 내가 음식이라고 생각했던 살과 뼈에게, 내가 두르거나 신거나 멨던 피부에게, 상상할 수 없었던 눈코입에게, 호흡과 눈빛과 걸음걸이에게. 하나도 갚지 못하는 걸 알면서도 씁니다. 동물에게.

극장도
비전이
될 수 있을까

몇 해 전, 명동에 위치한 삼일로 창고극장에서 진행하는 한 워크숍에 참여한 적이 있다. 극장에서 기획한 프로그램의 이름은 〈부캐대전〉. 배우, 공연 제작가, 예술인으로 활동하고 있는 창작진들이 각자의 '부 캐릭터'를 소개하며 모두의 참여를 이끌어내는 공개 워크숍이었다. 프로그램 소개글에 적혀 있던 질문 하나가 내 시선을 사로잡았다.

'극장과 창작자가 어디까지 변화할 수 있을까?'

극장이 변화한다는 건 무엇일까. 창작진 개인도 아니고 극장이라는 커다란 공간이 변할 수 있을까. 물리적 건축물이 아닌 존재 가치를 지닌 장소로서의 변화란 어떤 것일까. 나는 저 문장을 한참 동안 들여다보며 읽고 또 읽었다. 쉬이 결론이 나질 않았다. 지금도 그렇지만 그때는 더더욱 공연 작업 경험이 적었을 때고, '극장'이 가진 의미와 물성에 대해 설명할 만한 제대로 된 언어가 내 안에 없었다. 나는 결국 고민 끝에 세 갈래의 워크숍 중 마음이 가는 한 워크숍을 신청했다. 지속적으로 동물권과 기후 위기에 대해 이야기해 온 비거니즘 극단 〈바람컴퍼니〉의 한윤미 연출이 리더가 되어 진행하는 워크숍이었다.

| **시선에 대한 상상** | 비건 세상 탐험하기
Q. 비거니즘의 시선으로 내 주변을 다시 본다면, 어떤 것들을 발견할 수 있을까?

워크숍의 메인 테마는 비거니즘의 시선으로 극장 주변 지역을 탐험하는 것. 사흘간 진행된 워크숍에서 우리는 각자 비거니즘의 관점에서 일상을 새롭게 바라보는 연습을 했다. 평소라면 스쳐 지나갔을 거리의 극장 근처의 간판과 식당의 메뉴판 그리고 극장 안에서 나누게 되는 대화까지도 의식적으로 되짚어 나갔다. 명동은 관광객이 많은 지역이라 다양한 음식들이 즐비했지만 정작 비건 식단을 제공하는 곳은 손에 꼽을 정도였다. 많은 식당이 육식 메뉴를 중심으로 운영되고 있었고, 동물성 재료가 들어가지 않은 음식을 찾는 일은 생각보다 어려웠다. 그럼에도 불구하고 함께 검색하고 발품을 팔아 극장 근처에서 먹을 수 있는 비건 음식들을 찾아냈다. 팀을 나누어 흩

어진 후, 다회용기에 음식을 포장해 와서 나누어 먹기도 했다.

극장 근처에서 비건 음식을 찾고 직접 사다 먹는 활동은 직접 비거니즘을 경험할 수 있다는 측면에서 무척 유의미했다. 그리고 음식을 나누어 먹으며 극장이라는 공간의 역할과 의미를 탐구하는 시간을 가졌다. 무대 소품과 의상이 지속 가능한 방식으로 제작될 수 있을까. 공연 자체가 환경을 고려한 방식으로 만들어질 수 있을까. 질문들이 꼬리에 꼬리를 물었다. 극장이라는 물리적 공간에 대한 근본적인 물음이 조금씩 구체적인 고민으로 확장되는 순간이었다. 해당 프로그램을 기획했던 PD는 이런 말을 했다.

"극장이 비건이 될 수 있나."

살아 있는 생명도 아닌 극장이 비건이 된다는 게 생소하고 낯설었다. 하지만 그와 동시에 이 질문이 무슨 의미인지 모두가 알 수 있었다. 단순히 공연을 올리는 장소 그 이상으로서, 가치관을 반영하는 사회적 공간으로서 극장이 가지는 의미에 대해 질문을 품고 있었으니까. 우리는 각자의 경험을 나누며 '극장이 비건이 되는 방법'에 대해 얘기했다. 누군가는 극장 내에서 작업할 때만이라도 식물성 메뉴를 시도하는 방안을 제안했고, 또 다른 이는 공연 제작 과정에서 폐기물을 최소화할 방법에 대해 고민했다.

이 워크숍이 끝난 후, 지금까지도 나는 계속해서 극장이 어떻게 변화할 수 있을지에 대한 질문을 품고 있다. 우리가 어떤 시선으로 공간을 대하는지에 따라 공간이 가진 의미도 완전히 달라지기 마련이니까. 이제는 공연을 보러 갈 때도 극장이라는 공간이 가진 가치와 흐름에도 자연스럽게 주목하게 된다. 또한 작은 공연을 하더라도 연습실에 먼저 비건 간식을 사다 놓거나 필요한 소품을 최대한 빌려오자는 제안을 하기도 한다. 공연 제작진들과 배우들에게 준비 기간 동안 비건 식단을 시도해보는 기회를 마련하고, 비건 옵션을 선택할 수 있도록 독려한다. 이러한 시도는 단순한 음식 선택을 넘어, 공연을 제작하는 과정 자체에서 지속 가능성을 실천하는 또 다른 방식이 될 수 있다는 확신으로 다가온다.

그리고 『공연예술분야의 지속가능 창제작 안내서 및 사례집[9]』을 자주 참고한다. 이 자료집은 공연 제작 과정에서의 지속 가능 가이드북으로서, 다양한 제안과 사례가 정리되어 있다. 세트와 무대 제작, 조명, 음향, 영상, 무대 소품과 의상, 헤어, 메이크업 등은 물론 공연 운영 및 관객과의 커뮤니케이션 분야에 대한 부분까지 상세하게 나와 있다. 지속 가능한 공연 창·제작을 위해 우리가 무심코 지나쳤던 요소들까지 전부 환경주의적 관점에서 바라보고, 협력을 통

---

9 한국문화예술위원회 정책 연구 자료집

해 실천까지 나아갈 수 있도록 다양한 것들을 제안한다. 이 안내서의 6가지 기본 방향은 이렇다.

1. 사용하지 않거나 줄이기
2. 다시 사용하기
3. 용도를 바꿔 사용하기
4. 폐기물 재활용하기
5. 지역에서 자원을 확보하기
6. 수평적이고 협력적인 논의와 실행

이 방향성을 기반으로 다양한 예시들이 제시된다. 대량으로 제작하는 종이 프로그램북 대신 디지털 문서 활용하기. 사용하지 않는 조명 끄기, 목재를 우선 사용하되 금속이 필요한 경우 재활용 금속 사용하기, 대중교통 및 공유자전거 이용 관객에게 인센티브 제공하기(굿즈, 할인 등), 비건 지향 식단 논의하기, 지역 내 장비 대여 업체 및 재활용 플랫폼 찾는 법 등. 다양한 영역에서의 행동지침을 제시한다. 지속 가능한 공연 제작을 위해 고민하고 있다면, 동료들과 함께 해당 자료집을 읽고 제작 및 기획 방향을 초반부터 함께 만들어 보는 것을 추천한다.

부끄럽지만 사실 나는 희곡을 쓰기만 하고 공연을 하지 않은 지

꽤 됐다. 신작을 발표하더라도 지면에 발표하는 편이다. 왜 지원사업이나 공모를 통해 희곡을 무대화하지 않느냐 묻는 이들도 있다. 이유는 하나다. 공연을 제작하는 과정에서 너무 많은 동물의 죽음과 플라스틱을 비롯한 폐기물들을 목격하게 되기 때문이다. 연습실에서 먹는 간식, 리허설 기간 동안 제공되는 도시락, 누군가 좋은 마음으로 사 들고 오는 커피, 분장에 꼭 필요해서 쓰이는 화장품, 가죽이 들어간 재질의 의상, 회식 자리에서의 메뉴 등. 물론 프로덕션마다 지향하는 바와 가진 사정이 다르고, 협업 장르인 만큼 어쩔 수 없는 현실의 영역이 있다고 생각한다. 개인마다 식이지향과 체질이 다르니 채식을 일괄적으로 권할 수 없다는 것도 안다. 정말 다 아는데도 이상하게 마음이 쉽게 타협해 주지를 않는다. 돼지가 얼마나 부당하게 죽는지 고발하는 환경주의 연극을 만들겠다면서, 그 과정에서 어쩔 수 없다는 이유로 제육이 들어간 일회용 용기 도시락을 먹는 건 조금 이상한 일 같다. 그래서 내 희곡은 낭독 쇼케이스 정도의 형태로만 무대 위에 오른 지 꽤 됐다. 더 큰 무대에서 더 많은 관객을 만날 수 있다면 좋겠지만, 어쨌든 스스로를 속여 가면서까지 연극을 하지는 않으려고 한다. 나와 같은 지향점을 가진 동료들을 성실하게 찾아다니다 보면 머지않아 자연스레 공연을 올리는 날이 오지 않을까.

극장과 창작자는 어디까지 변화할 수 있을까. 어떤 방식으로 우리의 발걸음과 그 걸음이 만들어 내는 궤를 함께할 수 있을까. 어쩌면 지금 이 순간에도 수많은 극장 안에서 그 답이 계속 만들어지고 있는 중인지도 모른다. 나는 앞으로 참여하게 될 작업 속에서 이러한 고민들을 더 깊이 반영하고, 창작 과정에서부터 환경과 사회적 가치를 고려하는 실천을 이어 가려고 한다. 당장의 변화가 미약하게 느껴질지라도, 작은 움직임들이 모여 비건 극장을 만들어 낼 것이라는 믿음과 함께. 극장이라는 공간과 극장을 사랑하는 사람들이 모여서 변화의 가능성을 끝없이 찾아갈 수 있기를 바라며.

회식과
채식

 연극은 소통하며 협업하는 장르이고, 특수한 경우가 아니라면 저 사실은 크게 달라지지 않는다. 내가 쓴 희곡은 수많은 사람의 노력을 거쳐야만 무대 위에 올라갈 수 있다. 연출가와 함께 이야기 나누며 희곡을 재해석하고 수정한 후, 배우들과 대본에 대해 논의한다. 그리고 다 같이 연습실에 출근 도장을 찍으며 여러 번의 연습과 리허설을 거친다. 이외에도 음향, 조명, 무대, 소품, 의상, 분장, 기획 등 많은 제작진이 하나의 공연을 위해 함께 작업한다.

 작은 소극장에서 하는 짧은 공연에도 생각보다 많은 인원이 참여한다. 모두가 합을 맞추며 이 작품을 어떤 방식으로 세상에 내보일지에 대해 고민한다. 이런 과정에서 많은 품이 든다. 하지만 연극을 만드는 많은 이들이 그 시간을 아름답고 가치 있다고 여긴다. 아마 연극을 사랑하는 관객들 또한 이런 장르적 특성을 무척이나 애정할 것이다.

극작가로 활동하기 시작한 초기에는 혼자 글을 쓰던 시간에서 벗어나 사람들과 함께해야 하는 작업 자체가 어렵게 느껴졌다. 작품을 만들어 가는 과정에서의 두려움도 있었지만, 무엇보다 가장 괴로웠던 건 사람들과의 식사였다. 연습실에 배달되는 간식들, 연습이 끝나고 먹는 저녁 식사, 공연 당일에 분장실에서 때워야 하는 끼니, 모든 공연이 끝나고 나서 다 함께하는 회식. 모두가 먹기 위해 함께 사용해야 하는 돈.

나는 시도 때도 없이 사람들과 메뉴를 함께 고민해야 하는 상황에 놓였다. 일부 동료들은 내가 채식주의자라는 걸 알고 있었지만, 전혀 모르는 이들이 대부분이었다. 사실 당사자가 자신의 식이 지향을 먼저 밝히지 않는 이상, 많은 한국인은 자신의 곁에 채식주의자가 있을 거라는 생각까지 구태여 하지는 않는다. 내 동료들도 마찬가지였다. 결코 그들이 특별히 배려심이 없거나 천진한 사람이라서가 아니다. 우리는 모두 주변에서 채식주의자를 흔하게 본 적이 없을뿐더러, 아직 채식을 낯설게 여기는 사회에 속해 있기 때문이다.

나는 무엇을 먹을지에 대해 즐겁게 고민하는 동료들을 보며 두려움을 느꼈다. 실체 없는 상상에서 비롯된 두려움이었다. 지금 이 자리에서 내가 비건이라는 사실을 말해도 괜찮을까. 메뉴에 대해 거의 윤곽이 잡혀가는 지금 식이 지향을 밝히면 모두가 번거로워지지 않을까. 그럼 앞으로도 내가 먹을 수 있는 메뉴 안에서 골라야 할 텐데. 이 근처에 내가 먹을 수 있는 게 있나. 분위기가 싸해지고 결론도 나지 않는 애매한 상황이 오면 어쩌지.

그리고 무엇보다 두려웠던 건 '유난 떠는' 사람이 되는 일이었다. 모두를 막아서는 사람이 되는 것. 타인에게는 물 흐르듯 자연스럽고 일상적인 일일 행위를 멈춰 세우고, 나를 고려하고 배려하라고 요구해야 하는 것. 나는 왜인지 그 부탁을 뻔뻔하게 입 밖으로 꺼낼 수가 없었다. 내가 뭘 잘못한 것도 아닌데 괜히 움츠러드는 기분이었다. 그래서 내가 먹지 않는 음식들을 두고 고민하는 중인 동료들의 즐거움을 그저 지켜보기만 했다. 그 결과는 당연하게도 괴로움으로 돌아왔다. 순식간에 내 눈앞에 큼지막한 소시지가 들어간 핫도그가 놓였고 예약된 고깃집의 상세 주소가 단체 채팅방에 올라왔다. 나는 그날 속이 좋지 않다는 핑계를 대고 내 몫의 음식이 버려지는 걸 그저 지켜봐야만 했다.

얼마간의 괴로움 끝에 결국 동료들에게 내가 채식주의자라는 사실을 고백하기로 결심했다. 괜히 겁부터 먹었다가 자책과 무력의 굴레에서 허우적대기는 싫었다. 고민의 과정에서 많은 말들을 준비했다. 혹시나 그들이 비난당한다고 느끼지 않도록 단어를 고르고 문장을 만들며 가장 유순해 보이는 말들을 완성했다. 지금 생각해 보면 굳이 이렇게까지 할 필요가 있었나 싶지만, 그때는 그랬다. 나는 무엇보다 동물성 음식이 내 눈앞에 놓이는 걸 원치 않았지만 그만큼 동료들과도 무난하게 잘 지내고 싶었다. 내가 추구하는 삶을 있는 그대로 존중받고 싶었고 할 수만 있다면 그들과 같은 식탁에 앉아 식사하기를 희망했다. 고된 연습의 소회를 함께하며 대화하고 같은 음식을 먹고 싶었다. 하지만 내 신념과 가치가 타인에게 어떻게 가 닿는지에 대해 아무런 확신도 없었고 가늠이 잘 되지 않았다. 채식주의자가 된 지 2년 남짓의 때였다.

그날 연습실 한복판에는 대본 리딩을 위한 커다란 테이블이 펼쳐져 있었다. 테이블 위에는 버터 냄새를 풍기는 빵들이, 각 자리에는 커피가 놓여 있었다. 카페에서 참여 인원의 머릿수에 맞춰 아메리카노와 라테를 적절히 섞어서 사 왔을 조연출의 배려가 느껴지는 조합이었다. 아메리카노는 이미 다른 동료들이 가져간 후라서 내가 앉을 수 있는 빈자리에 놓여 있던 건 전부 소젖이 들어간 라테였다. 나는 자리에 앉아 라테가 담긴 컵을 옆으로 살짝 밀어 두었다. 바로 그때 상냥한 성격의 주연 배우 하나가 내게 다가와 빵을 권했다. 나는 빵을 건네받지 않고 곧바로 결심했던 말들을 꺼냈다. "제가 사실 비건이라서요."로 시작한 고백은 생각보다 편안하게 흘러나왔다.

동료들의 반응은 가지각색이었다. 이유는 모르겠지만 가볍게 비명을 지르는 이도 있었고 비건이 뭔지 되묻는 이도 있었다. 쏟아지는 질문들에 정신이 없기는 했으나 마음은 편했다. 대답을 하다 보니 나를 끊임없이 쑤셔 오던 불편함과 죄책감이 어느새 눈 녹듯 사라져 있었다. 한 동료는 내게 "이거 아직 입도 안 댄 거"라며 자신의 아이스 아메리카노를 양보했다. 나는 그 동료의 손 안에서 찰랑거리는 아메리카노가 무척 고마워서 예의상 거절하는 법도 잊고 넙죽 받아 들었다. 그 아메리카노는 단순한 커피 한 잔이 아니라 내가 그토록 소망했던 존중이었다.

그날 연습은 조금 늦게 시작했다. 리딩 테이블에 앉아서 모두와 함께 정신없이 채식에 대한 이야기를 나눴다. 동료들은 내게 많은 것들을 묻고 또 되묻고 확인했다. 실천한 지 얼마나 됐는지, 무엇을 먹을 수 있고 무엇은 먹을 수 없는지, 외식은 어디서 하는지, 자신들이 먹는 것도 불편하게 느껴지는지. 나는 준비했던 정제된 말들을 자체적으로 폐기하고 모든 질문에 솔직하게 날것의 상태로 답변했다. 우려와 두려움을 내려놓고 동료들을 신뢰하는 마음으로.

그날 이후로 내 앞에 동물성 음식이 놓이는 일은 없었다. 동료들은 어떤 음식을 권하거나 나눠줄 때도 조심스럽게 내가 먹을 수 있는지 물었다. 그리고 자신도 하루 동안 채식을 실천해 봤다며 경험을 공유해 주기도 했다. 무사히 공연을 마치고 나서 종파티까지 즐겼다. 회식 장소는 두부와 보리 비빔밥을 파는 가게였다.

그때 처음으로 이런 생각을 했다. 지금까지 '유난한'이라는 말 안에 갇혀 있었던 건 내가 아닐까. 유난스러운 사람처럼 보이기 싫다는 생각에 모두를 밀어내고, 스스로를 고립시켰던 순간들이 떠올랐다. 비건을 조롱하고 오해하며 혐오하는 사람들의 좁은 언어에 붙잡혀 숨으려 했던 나 자신이 부끄러웠다. 내 안의 진짜 두려움, 일종의 회피를 마주한 순간이었다.

물론 두려움을 이겨냈다고 해서 함께 일하는 사람들과의 식사가 쉬워진 건 아니다. 나는 매번 다른 성향의 동료들과 일을 하게 되고, 그들이 내 식이 지향을 어떻게 받아들일지는 그들의 자유다. 배려하고 신경 써서 내가 먹을 수 있는 음식을 마련해 줄 수도 있겠지만, 소수의 지향성까지 고려할 여력을 찾기 어려워서 기존의 익숙함을 유지할 수도 있다. 슬픈 이야기지만 나도 간식이나 끼니를 단 한 번도 함께 먹지 못한 채로 작업하는 게 제법 익숙해졌다. 하지만 이거 하나는 확실하다. 내가 사람들에게 채식주의자라는 사실을 말하는 걸 더는 두려워하지 않게 됐다는 것.

비건을 지향하는 이들이 자신의 식사와 일상을 주변인들과 자연스럽게 공유할 수 있다면 좋겠다. 모두가 채식주의자 한둘쯤은 알고 있는 사회, 그래서 채식이 전혀 낯설지 않은 세상이 오기를 담담하게 소망한다. 그때가 되면 나도 연극하면서 밥 굶는 날은 없지 않을까.

식사하러
가시죠

혜화는 비건 불모지다. 대학로라는 이름 아래 많은 사람들이 모이는 문화 중심지이지만, 채식주의자들에게는 여전히 척박한 환경이다. 혜화의 다양한 음식점과 카페에서 정작 비건 메뉴를 찾기란 쉽지 않다. 몇몇 카페나 식당에서 비건 옵션을 제공하는 경우가 있지만 제대로 된 비건 한 끼를 즐길 수 있는 공간은 극히 드물다. 선택지가 극히 제한적이거나 접근성이 떨어지는 경우가 많다. 어플이나 검색을 통해 비건 옵션이 있다는 안내를 보고 찾아가 보면, 실제로 샐러드나 간단한 사이드 메뉴 정도에 불과한 경우가 대부분이다.

대학로는 주로 연극 등의 공연을 보기 위해 방문하는 사람들이 많다. 망원동이나 성수동처럼 거주하는 인구가 많고 트렌디한 소비층이 형성된 지역과는 성격이 완전히 다르다. 특정한 식문화가 오랜 시간 자리 잡기 어렵고, 세가 비싼 편이라 작은 식당들이 영업하기 쉽지 않다. 또 다른 주 소비층인 학생들은 저렴하고 든든한 한끼를 선호한다. 가격 경쟁력이 중요한 상권에서 아직 사람들에게 익숙하지 않은 비건 식당이 상대적으로 불리한 것은 사실이다.

하지만 혜화에서 비건 식사를 하는 것이 완전히 불가능한 것은 아니다. 어렵다고 포기하는 대신 관심을 가지고 찾아보면, 소중한 채식 식당들이 곳곳에 자리 잡고 있음을 알 수 있다. 연습실이나 극장에 갈 때마다 매번 쫄쫄 굶을 수 없다는 마음으로, 기를 쓰고 찾아낸 식당들 중 몇 군데를 나눠 보려 한다. 배고픔을 이겨 내기 위한 나름의 생존 전략이자, 허기진 날들의 기록 같은 곳들이다.

페르시안궁전

📍 서울 종로구 성균관로6길 9
📞 02-763-6050

〈페르시안궁전은〉 성균관대학교 정문 맞은편 골목에 자리한 '이란 및 인도 요리' 전문점이다. 혜화역 4번 출구를 기준으로 도보 약 8분 거리에 있다. 이란 출신 사장님이 직접 운영하며, 다양한 향신료를 사용한 정통 이란식 카레가 유명하다. 메뉴판에 비건 메뉴들이 따로 정리되어 있다. 야채커리, 콩커리, 시금치커리, 토마토커리, 베리야니(중동식 볶음밥), 비건까스, 후무스, 그린샐러드까지 언뜻 봐도 메뉴가 한두 가지는 아니다. 심지어 깨를 가득 올려 구운 비건 난과 바삭한 인도식 빵인 파파담도 주문할 수 있다. 매운맛도 조절할 수 있어서 그날그날 입맛에 맞게 주문하면 된다. 매장도 크고 자리가 넉넉해서 팀원들과 다 같이 식사하기 좋다.

찡쪽바
📍 서울 종로구 성균관로 7-1 2층
📞 02-6404-0513

〈찡쪽바〉는 성균관대학교 근처에 있는 칵테일 바다. 혜화역 4번 출구를 기준으로 도보 약 10분 거리에 있다. 아늑하고 독특한 분위기와 좌식 테이블이 이곳의 큰 특징이다. 반드시 신발을 벗고 앉아야 하니 이 점 꼭 참고하자. 모든 메뉴가 비건인 건 아니지만 대부분의 안주가 비건이라 마음 편히 방문할 수 있다. 가장 유명한 안주는 옥수수전과 마라크림/마라샹궈떡볶이, 비건 치킨이다. 이외에도 튀김 칠리만두나 순두부인헬과 같은 비건 메뉴들이 몇 가지 더 있다. 표면적으로는 안주 메뉴지만 식사 메뉴로도 손색이 없어서 저녁을 먹어야 할 때 종종 방문하곤 한다. 영업시간은 오후 6시부터이며, 월요일은 휴무이니 방문 시 꼭 참고하자.

솔나무길 된장예술
📍 서울 종로구 대학로11길 9-2
📞 02-745-4516

일명 〈된장예술〉은 한정식 전문점으로, 혜화역 3번 출구를 기준으로 도보 약 3분 거리에 있다. 이곳은 약 20년 동안 솔나무길에서 운영한 오랜 전통을 가진 맛집이다. 정식 메뉴를 주문하면 정갈한 한식이 한 상 차림으로 제공된다. 비건 식당은 아니기 때문에 시킬 수 있는 메뉴는 '된장정식' 하나다. 이 또한 주문 시 직원 분께 몇 가지 요청을 드려야 한다. 육수 없이 조리가 가능한지, 동물성 재료가 들어간 반찬은 빼 주실 수 있는지. 조금 번거롭게 느껴지겠지만 든든한 한식이 먹고 싶을 때는 이만한 곳이 없다. 고추가 송송 썰어져 올라가 있는 자박한 된장찌개와 큼지막한 두부, 다양한 반찬들, 이를 초록 채소들과 비벼 먹을 수 있도록 커다란 대접에 담겨 나오는 따뜻한 밥까지. 한식을 좋아하는 사람이라면 거부할 수 없는 강렬한 메뉴다. 단체 예약도 가능하니 혜화동 〈된장예술〉에서 채식으로 회식을 해보는 건 어떨까.

국수가
📍 서울 종로구 동숭2길 1
📞 0507-1354-5798

〈국수가〉는 혜화역 2번 출구에서 도보로 약 5분 거리에 위치해 있어 접근성이 좋다. 소극장이 많은 대학로의 한가운데에 있기 때문에 공연 관람 전후로 많은 사람들이 찾는 맛집이다. 〈국수가〉는 수제비나 다양한 국수 요리로 유명한 국수 전문점이다. 무엇보다 가격이 합리적이고 양이 푸짐해서 부담 없이 방문할 수 있다. 나는 네 가지 메뉴를 번갈아 가며 주문한다. (맹물로 조리 요청한) 삼색들깨수제비, (닭알과 김치를 제외한) 비빔국수, 팥칼국수, 콩국수, 이렇게다. 거기다 천 원만 추가하면 모든 메뉴를 곱빼기로 주문할 수 있다. 혼밥을 하기에도 적절한 분위기라 편하게 방문할 수 있다. 입구부터 가게 전체 벽면이 다양한 유명인들의 사인으로 가득 채워져 있어서 대학로의 뼈대 깊은 맛집이라는 게 실감난다. 음식도 빨리 나오는 편이니 대학로에서 간단하게 한 그릇 식사를 하고 싶을 때 방문해보기를 추천한다.

비건카페 달냥

📍 서울 종로구 혜화로 45 2층
📞 0507-1467-0388

〈달냥〉은 100% 식물성 재료를 이용하는 카페로, 식사와 디저트를 전부 비건으로 맛볼 수 있다. 혜화역 4번 출구에서 도보로 약 15분 거리에 있으며 2층에 위치한다. 역에서는 거리가 좀 있는 편이지만, 혜화동 로터리에서 마을버스 종로08번을 타면 〈달냥〉 바로 앞에서 내릴 수 있다. 식사 메뉴로는 반미 샌드위치, 까르보나라, 비건 파닭, 콩까스와 양배추샐러드 등 메뉴도 다양하다. 디저트 메뉴로 유명한 것은 두유 아이스크림과 팥빙수이고, 커피나 차, 에이드와 같은 음료도 다양하기 때문에 골라 마시는 재미가 쏠쏠하다. 내부는 아늑한 인테리어로, 공부하거나 작업하기에도 적합한 환경이다. 가게 한 편에서 제로 웨이스트 관련 제품 및 비건 과자도 판매하고 있어 방문할 때마다 꼭 한 번씩 구경하게 된다. 매주 화요일과 수요일은 휴무이니 방문 시 참고하자.

아케미
📍 서울 성북구 창경궁로 318
📞 0507-1396-0014

〈아케미〉는 비건 아이스크림 전문 카페다. ACHEMI라는 이름은 '아이스크림의 연금술사'라는 뜻으로, 다양한 재료로 본연의 맛을 살린 순수하면서도 건강한 아이스크림을 만들고자 하는 의미가 담겨 있다. 혜화역 1번 출구에서 도보로 약 25분 정도 거리에 있으며, 한성대입구역과 더 가깝다. 대학로 자체와는 거리가 좀 있는 편이지만 한번 방문하고 나면 꼭 다시 가게 될 만큼 근사한 맛집이다. 국내산 유기농 현미를 사용한 식물성 100% 비건 아이스크림을 다양한 맛으로 먹어볼 수 있으며, 계절에 따라 메뉴가 조금씩 변경된다. 원하는 맛을 콘이나 컵으로 주문해 먹을 수 있고, 아이스크림 외에도 아이스크림 케이크나 빙수, 아이스크림 샌드 등 다양한 메뉴를 함께 즐길 수 있다. 미리 예약하면 홀케이크로도 주문 가능하다.

나는 〈아케미〉가 2019년 길음역 근처에서 아주 작은 가게로 시작했을 때부터 줄곧 방문하고 있는 단골이다. 혜화 근처로 이사했다는 소식을 듣자마자 한달음에 달려가서 사장님과 반가운 인사를 나누기도 했다. 조금 오버스러운 소개가 아닐까 싶을 수도 있겠지만,

누구나 이곳의 아이스크림을 한번 맛본다면 내 벅차는 심정을 이해할 수 있으리라고 생각한다.

연극과 공연을 즐기는 사람들이 모이는 대학로에 앞으로 더 많은 비건 친화적인 공간이 생겨나길 기대해 본다. 단순히 채식주의자들만을 위한 공간이 아니라, 더 많은 사람들이 채식이라는 선택지를 부담 없이 경험해 볼 수 있는 가능성이 필요하다. 다양한 가치관과 삶의 방식이 존중받을 수 있기를. 그래서 언젠가는 혜화에서 식사를 해결하는 일이 무거운 숙제처럼 느껴지지 않을 수 있는 날이 오기를 간절히 바라며, 나는 오늘도 혜화에서 비건 음식을 찾아 나선다.

참치 통조림도 먹는다니까
참치 없는 참치 토스트

✖ 재료

비건 참치 1캔(동원 / 알티스트 / 오뚜기)
통밀 식빵 2장
양파 반 개
다진 피클
소이 마요네즈 2큰술
소금, 후추 약간
비건 치즈(선택)
식물성 버터 or 올리브오일

✖ 조리법

1 비건 참치 + 다진 양파 + 다진 피클 + 소이 마요네즈 섞기
2 소금과 후추로 간 맞추기
3 빵에 식물성 버터 or 올리브오일 살짝 발라서 바삭해질 때까지 프라이팬에 굽기
4 빵 위에 치즈와 참치 샐러드를 올리고 다른 빵으로 덮기

> 팁 옥수수나 양배추를 추가하면 훨씬 더 포만감 있게 먹을 수 있어요!

변화의 한가운데 서서

조금씩, 모두가 변하고 있다는 것

"나 페스코 실천해 보려고 해."

오랜 시간 함께 지내고 있는 하우스메이트 J에게서 들었던 말이다. 내가 채식을 실천하고 나서 약 1년이 되어 가는 시점이었다. 나는 저 말을 듣자마자 깜짝 놀라서 친구에게 물었다. 페스코? 채식? 친구는 냉장고 안을 들여다보며 담담하고 건조하게 대답했다.

"어. 그거. 고기 안 먹고 생선은 먹는 거. 나 유당불내증 있어서 어차피 우유는 못 먹고."

대답을 듣고 나서도 뛸 듯이 기뻤고 믿을 수 없을 만큼 마음이 부푸는 걸 느꼈다. 그냥 친구도 아니고 함께 사는 사람이 채식주의자가 됐다는 사실이 무엇보다 커다란 변화처럼 다가왔다. 나는 J가 어쩌다 갑자기 채식을 결심하게 됐는지 궁금해서 가만히 있을 수가 없었다. 같이 하자고 지극정성으로 꼬드길 때는 나름 완강하던 J였기에 더더욱 놀라웠다. 당시에는 거절의 이유도 명확했었다. 실천하겠다고 쉽게 말만 내뱉고 어기게 될까 봐, 약속을 어기고 자신에게 실망하기 싫어서. 이 두 가지가 J를 망설이게 하던 가장 큰 이유였다. 사실 계획이나 약속이 틀어지더라도 그다지 타격이 없는 나로서는 이해할 수 없는 이유였다. 그냥 다시 실천하면 되지 않나. 하지만 J의 성향상 저 두 가지는 결코 작은 고민이 아니었을 거다. J는 스스로와의 약속과 결심을 중요하게 생각하는 신중한 사람이니까.

나는 어쩌다 결심하게 된 거냐고, 무슨 계기가 있었냐고 J에게 쉴 새 없이 질문을 퍼부었다. 그때 J에게 들은 답변이 아직도 생생한 기억으로 남아 있다.

"엊그제 본가에 갔는데 엄마가 LA갈비를 주더라고. 그거 먹으면서 생각했어. 이거 굳이 먹어야 하나. 앞으로 이걸 못 먹는다고 나한테 무슨 일이 생기는 것도 아니고. 다짐해 놓고 약속을 어기면 어쩌지 고민했었는데, 그럴 것도 없는 것 같아. 그냥 안 먹기로 다짐하고 안 먹으면 되는 거잖아."

J는 오래도록 고민했던 것에 반해 아주 평범하고 지극히 조용한 변화의 순간을 맞았다. 나는 가족들과 함께 밥상에 앉아 저런 다짐

을 곱씹었을 J의 식사 시간을 떠올려 봤다. 나랑은 조금 다른 방식으로 찾아온 J의 결심이 신기하고 좋았다. 그리고 우리뿐만 아니라 누구에게나 찾아오게 되는 고유한 변화에 대해 생각했다. 결국엔 자신의 의지로, 본인이 원하는 방식과 속도로 나아가는 사람들. 그 무한하고 다양한 변화보다 아름다운 게 있을까.

그날 이후로 J는 냉장고에 남아 있는 동물성 식재료를 꾸준히 먹어서 전부 없앴다. 그리고 지금까지 다시는 동물성 음식을 사 오지 않을뿐더러 내 앞에서 동물을 먹지도 않는다. 직장 생활 도중 불가피한 순간에만 페스코 식단을 하고 있다. 이 모든 건 J가 결심하고 실천하는, 지극히 J만의 일상이다.

J의 변화에 더불어 내가 세상을 바라보는 시선이 조금은 바뀌어서일까. 혹은 때마침 세상이 조금 더 빠르게 변하기 시작해서일까. 나는 그날 이후로 세상이 몸부림을 치고 있다는 사실을 자주 실감했다. 친구들과 가족들이 비건식을 먹으면서 사진을 찍어 보내주는 일이 잦아졌고, 채식을 실천하겠다고 결심한 친구들이 분기별로 꾸준히 생겨났다.

무엇보다 작업을 하면서 느끼는 변화가 컸다. 나는 원래 연습실이나 행사장, 공연장에 준비된 다과는 잘 들여다보지 않는다. 준비된 다과의 성분표를 찾아봤는데 먹을 수 있는 게 없으면 준비한 주최 측도 민망할뿐더러 나도 머쓱하고 괜히 속상해지기 때문이다. 그런 생활이 익숙해져 갈 즈음이었다. 마찬가지로 행사장에 들어서자마자 다과가 준비된 테이블을 지나쳐 곧바로 자리로 향했다. 그랬더니 주최 측 PD가 나를 급히 부르며 붙잡았다. 짧지만 함께 일을 했던 경험이 있어서 안면을 튼 사이였다.

"작가님, 오늘 다과 전부 비건입니다. 편하게 드세요."

그 말을 듣고서야 발걸음을 돌려 다과 테이블을 자세히 보았다. 유명한 비건 도넛 가게에서 포장해 온 알록달록한 도넛들과 비건 간식으로 유명한 브랜드의 스낵, 비건 음료들. 테이블 위는 식물성 다과들로 가득 채워져 있었다. 일을 시작한 후로 대학로에서 처음 보는 광경이라 당황스러울 정도였다.

"저번에 아무것도 못 드시고 가셔서 마음에 걸리더라고요. 이번에는 비건으로 준비했는데 저도 먹어 보고 너무 맛있어서 놀랐어요."

감사 인사를 건네고 도넛 하나를 챙겨 와 자리에 앉았다. 긴 시간 진행되는 행사장에서도 쫄쫄 굶었던 기억들이 떠올라 기분이 조금 이상했다. 말랑거린다고 해야 하나. 행사장 의자에 듬성듬성 앉아 있는 사람들과 같은 음식을 먹고 있다는 게 안겨 주는 이상한 안정감이 있었다. 누구도 죽지 않고, 또 죽이지 않고, 무심하거나 민망한 사람이 없는 근사한 순간이었다.

그 후에도 여러 행사에서 비건 다과를 목격했다. 비건 케이터링 서비스, 비건 도시락, 비건 답례품까지. 그런가 하면 행사 자체를 비거니즘에 초점을 두고 진행하는 케이스도 늘어났다. 참여자들에게 텀블러를 챙겨 오라고 미리 안내하고, 티켓을 디지털화하여 제지 소비를 줄이고, 행사에 쓰이는 소품 또한 최소화하거나 재활용하는 방식이었다. 분명하고 반가운 변화였다.

상상치 못한 순간에 '비건'이라는 글자를 마주하기도 했다. 갑자기 비가 내리던 어느 오후, 우산이 없어서 새로 생긴 작은 카페에 들어갔다. 작지만 아늑하고 은은한 조명이 새어 나오는 그 공간은 이럴 때 들어가 한숨 돌리기에 좋아 보였다. 나는 몸을 툭툭 털고 조용히 카운터로 다가가 메뉴판을 살폈다. 어차피 아메리카노를 마시겠지만 그래도 구경이나 해 보자는 마음으로 하나씩 읽어 내려가던 중, 하단에 작은 글씨로 적힌 문장을 발견했다.

비건 우유(오트, 아몬드, 두유)로 변경 가능합니다.
추가 요금은 없습니다.

별것 아닌 문장인데, 이상하게 그 순간 마음이 따뜻해졌다. 무언가를 바꾸어 줄 수 있는지 굳이 묻거나 요청하지 않아도 되는 공간이 주는 안정감이 있었다. 나는 그날 오랜만에 오트유로 바꿔 주문한 달콤한 라테를 마셨다. 고소하고 부드러운 맛이 나를 환영하는 것만 같았다. 창밖에선 빗방울이 유리창을 두드리고, 카페 안은 잔잔한 음악과 커피 내리는 소리로 가득했던 그때가 아직도 마음속에 남아 있다. 지금도 낯선 카페의 메뉴판에서 오트유나 두유 옵션을 발견하면 하루 종일 기분이 좋다. 또 다른 아지트를 하나 발견한 느낌이랄까.

나는 세상이 무조건 바뀐다고 믿는다. 우리가 절대 과거로 돌아갈 수 없는 것처럼, 뒤로 갈 일도 없다고 생각한다. 물론 움직임이 아주아주 느려서 눈에 보이지 않을 수도 있겠지만 세상은 기어코 바뀌고 만다. 모든 영역에서 그렇다. 심지어 비거니즘이 세계에 녹아드는 과정은 느릿하지도 않다. 오히려 눈에 확연하게 보일 정도로 빠르게 진행되고 있다. 그걸 하나하나 지켜보다 보면 내가 변화의 한가운데에 서 있다는 게 실감이 된다. 나는 그 안에서 무엇을 할 수 있을까. 끊임없이 흘러가는 세상 속에서 뭘 해야 할까. 어제도 했고 오늘도 하고 있고 내일도 하게 될 영원한 고민이다.

새로운
소비 트렌드

한국 사회에서 비건 식당과 비건 식료품은 이제 막 대중화로의 걸음을 떼고 있다. 그래서인지 여러 가지 시도가 시장을 스쳐 지나가고 또 자리 잡는 중이다. 대기업이나 유명 프랜차이즈에서 비건 메뉴가 출시되는 것도 이젠 놀라운 일이 아니다.

풀무원은 지속 가능 식품 전문 브랜드 '풀무원 지구식단'을 출범시키고, 식물성 먹거리 사업을 본격화하고 있다. 콩단백 숯불직화불고기, 식물성 런천미트, 두부텐더 등 대체육 제품을 비롯해 두부면 등이 대표적인 상품이다. '지구식단'은 놀라운 누적 매출을 자랑하며 풀무원 내에서도 압도적인 존재감을 자랑하고 있다.

여타 기업에서도 식물성 식품 브랜드화를 위해 부단히 애쓰고 있다. CJ제일제당 비비고에서도 식물성 식품 전문 브랜드 '플랜테이블'을 론칭했다. 롯데웰푸드에서는 '제로미트', 동원F&B에서는 '마이플랜트', 농심에서는 '베지가든', 신세계푸드에서는 '베러미트'가 출시된 바 있다. 국내 주요 식품 기업들이 이토록 앞다퉈 식물성 식품 산업에 뛰어들어 시장을 선점하려고 애쓰는 이유는 하나다. 채식이 트렌드이기 때문이다.

COVID-19, 일명 코로나를 겪으며 기후 위기와 재난에 대한 관심이 높아졌다. 세계보건기구는 코로나 이후로도 예측 불가능한 감염병 '질병 X'가 계속해서 발생할 것을 경고했다. 또한 새롭게 발생하는 감염병의 75%가 인수공통감염병으로 알려져 있다[10]. 이는 인간이 생태계를 무분별하게 훼손하고 공장식 축산을 일삼으며 기후를 변화시킨 결과다. 만날 일 없던 비인간동물들과 접촉할 기회가 늘어나게 된 것이다. 동시에 육류 소비가 증가하며 축산업이 차지하는 면적도 늘어났다. 비인간동물들을 좁은 공간에 과도하게 밀어 넣고, 먹기 위해 탄생시키고 죽이기를 반복하니, 감염병이 생기지 않을 수 없는 환경이다.

또한 많은 과학자들이 지구 온도 상승에 대해 경고하고 있다. 지구의 온도가 상승함에 따라 강수량과 습도 등이 이례적인 수치를 기록하며 바이러스의 이동이 쉬워지고 감염병 매개체의 확산에 영향

---

10 2021년 12월 1일, 세계보건기구(WHO)는 신종 감염병의 약 75%가 동물에서 유래하는 인수공통감염병이라고 발표하였다.

을 미친다는 것이 그들의 주장 중 하나이다.

전문가들은 이러한 교차 영역에서 발생하는 문제를 효과적으로 대응하기 위해 '원 헬스(One Health)' 접근법의 필요성을 강조한다. 원 헬스는 쉽게 말하면, "사람만 건강하다고 끝이 아니라, 동물과 환경도 건강해야 진짜 모두가 안전할 수 있다."는 통합적인 개념이다. 그러므로 인간, 동물, 환경, 이 세 분야의 전문가들이 협력하여 감염병을 예방하고 대응하는 통합적 보건 전략이 필요하다는 것이다.

세계보건기구(WHO), 식량농업기구(FAO), 세계동물보건기구(WOAH), 유엔환경계획(UNEP) 등 국제기구들은 공동으로 원 헬스 협력체계를 구축하여 감염병의 조기 감지, 통합적 대응, 정보 공유 등을 위한 체계를 마련하고 있다. 국내에서도 질병관리청, 농림축산검역본부, 환경부 등이 협력하여 인수공통감염병 대응과 같은 분야에 원 헬스 접근법을 적용하고 있으며, 이를 통해 사람과 동물 모두의 건강을 보호하고 생태계의 안정성까지 고려한 지속 가능한 보건 시스템을 구축하기 위해 노력하고 있다.

사람들은 전 세계적인 재난 사태를 불러온 이 커다란 질병을 겪고 난 후에야 재난을 실감하고 위기를 의식했다. 기후와 생태계가 파괴되고 있다는 것을 인식하고 대책을 세우기 시작했다. 자연을 착취하며 얻었던 편리들이 결국엔 이런 결과를 불러왔다는 것을 두 눈과 온 피부로 확인한 것이다. 그 순간 가장 먼저 할 수 있는 일은 뭐였을까. 가장 쉽고 가까우면서 확실한 실천이 무엇이었을까. 바로 채식이다.

사람들은 축산업으로 인한 탄소 배출과 토양 침식, 수질 오염의 심각성을 깨닫고 하루 세 번 반복되는 끼니에서부터 그 정답을 찾아가고 있다. 환경주의적 관점에서 출발하여 채식을 실천하는 인구가 늘어난 것이다. 한국채식연합의 설문조사에 따르면, 2019년에는 150만 명이었던 국내 채식 인구수가 2025년에는 전체 인구의 5% 수준인 250만 명까지 늘었다고 추산된다. 게다가 '가치 소비' 및 '지속 가능'과 같은 키워드가 트렌드로 자리 잡으면서 더욱 빠르게 시장이 커지기 시작했다.

내가 채식을 실천하기 시작했을 때와 비교해 보면 지금은 식물성 먹거리가 월등하게 늘어난 것이 사실이다. 냉동식품이나 인스턴트 식재료 이외에도 선택지는 다양하다. 프랜차이즈 식당에서도 식물성 메뉴를 출시한다. 롯데리아의 리아미라클 버거, 파파존스의 그린잇 식물성 피자, 포케올데이의 비건 숯불직화미트 포케 등. 프랜차이즈의 비건 메뉴는 접근성이 가장 큰 장점이다. 처음 가보는 동네에서도 가까운 지점을 방문하여 해당 메뉴를 먹으면 되니까.

하지만 매출의 문제인지 이런 메뉴들이 이벤트성으로 출시되었다가 금방 사라지는 경우가 많다. 언리미트와 콜라보해서 출시했던 써브웨이의 '얼터밋 썹', 롯데리아의 '스위트 어스 어썸 버거', 버거킹의 '플랜트 와퍼' 등. 이외에도 지금은 단종되어 사라진 메뉴들이 많다. 채식 소비자로서 무척 아쉬운 일이다. 밖에서 급하게 끼니를 때워야 하는 순간에 선택의 폭이 좁아지는 거니까. 하지만 또 신중한 연구와 시도를 거쳐 다른 맛을 가진 식물성 메뉴를 출시해 주리라 믿고 아쉬움을 달랜다. 실제로 현재 판매 중인 리아미라클 버거는 초기에 출시했다가 일시적인 단종 기간을 가진 후, 리아미라클 버거Ⅱ라는 이름으로 리뉴얼되어 다시 돌아온 제품이다.

간편식 출시뿐만이 아니다. 기업에서는 채식 사업을 확장하여 비건 레스토랑까지 직접 오픈하고 있다. 풀무원에서는 '플랜튜드', 신세계푸드에서는 '유아왓유잇'을 오픈했고, 지금은 폐업했지만 2024년까지는 농심에서 비건 파인다이닝 '포리스트 키친'을 운영했다. 자사에서 개발하는 대체육이나 대안식을 시행하는 방식으로 메뉴를 만들고, 채식의 고급화를 위해 파인다이닝을 표방하여 운영하기도 한다. 또한 2024년 1월에는 스타 셰프인 최현석 셰프가 비건 레스토랑 '달리아 다이닝'을 오픈했다. 코코넛 크림과 오트 밀크를 사용한 크림 뇨끼, 샤프란으로 만든 식물성 노른자 등 재미있고 독창적인 요리가 특징이다.

이외에도 다양한 식당과 베이커리가 곳곳에 생겨나고 있다. 나는 한동안 서울 시내 비건 식당들을 찾아다니는 재미로 살았었는데, 요즘은 그 속도를 따라가지 못해 약간 포기한 상태다. 여차하면 새로운 비건 식당이, 다시 정신 차려 보면 새로운 비건 카페가 오픈해 있는 수준이니까.

채식은 더 이상 피할 수 없는 트렌드다. 기후 위기와 가치 소비의 시대에 우리가 기쁘고 엄중하게 맞이해야 할 하나의 과제이자 산업이다. 요즘 채식 상품들이 왜 이렇게 많이 출시되는지 의아하다던 친구에게 나는 이런 말을 한 적이 있다.

"그냥 채식도 마라나 로제 같은 거라고 생각해. 소비자가 있으니까 나오는 거지."

윤리적인 관점이 피로하게 느껴진다면 채식을 하나의 유행이라고 생각해 보는 건 어떨까. 많은 이들의 수요와 그에 따른 필요성을 충족하기 위해 찾아온 유행. 모두가 비건이 되기는 어렵겠지만 일상 속에서 채식을 경험하거나 시도해 보는 건 충분히 가능한 일이다. 심지어 밥을 먹는 것만으로도 내가 사는 행성을 구하는 데 작은 보탬이 될 수 있다. 이런 유행을 굳이 거부할 이유가 있나.

TV 속 비거니즘

 최근 몇 년간 비거니즘은 소비 트렌드답게 대중문화와 미디어에서도 노출 빈도가 증가하고 있다. 우리가 가장 자주 접하는 TV 프로그램이나 개인 방송 플랫폼 역시 이러한 흐름을 반영한다.

 특히 요리 프로그램에서 비건 음식을 다루는 콘텐츠가 늘어났다. 〈흑백요리사〉에는 비건 파인다이닝을 운영하는 셰프가 나와 채소 요리를 선보였고, 〈냉장고를 부탁해〉에서는 게스트의 요청에 따라 비건 요리를 선보이기도 했다. 〈집밥 백선생〉은 익숙한 한식을 주제로 채식 레시피를 소개한 적이 있다. 〈윤식당〉 시리즈에서는 해외에 한식을 선보이는 컨셉에 맞춰, 비건 메뉴와 옵션을 고민하는 모습이 상세하게 나오기도 했다. 식이 지향의 다양성과 비거니즘에 대한 관심을 적극 반영한 것이다. 출연자가 비건 요리에 도전하거나 채식생활을 꾸준히 이어 가는 모습을 보여 줄 때, 시청자는 비거니즘을 단순한 유행이 아닌 하나의 생활 방식으로 인식하게 된다. 채식이 특별하거나 극단적인 선택이 아니라는 점을 드러내며 거리감을 조금씩 좁혀 주는 것이다.

한편, 일부 예능에서는 비거니즘이 과장되거나 희화화되는 경우도 있다. 예를 들어 개그 프로그램에서 비건 캐릭터가 유난스럽거나 까다로운 사람으로 묘사되기도 하고, 육류만 먹지 않는 '페스코' 단계의 채식을 '비건'이라고 잘못 기입하는 경우도 많다. 무엇보다 리얼리티 프로그램의 비건 참가자들이 많은 어려움을 겪는다. 생존 예능이나 서바이벌, 연애 매칭 프로그램에서 참가자가 본인의 신념을 유지하기 어렵도록 상황을 몰아가며 연출하곤 한다. 이는 비거니즘을 진지한 삶의 방식이나 가치관이 아닌, 극복해야 할 장애물이나 타인에게 민폐를 끼치는 대상처럼 묘사될 우려가 있다.

특히 최근 화제가 된 한 연애 예능 프로그램에서는 채식주의자 참가자가 등장했을 때, 이를 과도하게 조명하는 방식으로 연출해 눈살을 찌푸리게 했다. 해당 참가자는 동물권에 대한 이유와 함께 채식주의자임을 밝히며 신념을 솔직하게 설명했지만, 다른 출연자들이 이를 지나치게 까다로운 성향으로 몰아가는 장면이 반복되었다. 이러한 편집 방식은 채식을 하나의 라이프스타일로서 존중하기보다는 조롱하는 태도를 담고 있으며, 대중에게 비거니즘을 부정적으로 인식시키는 데 영향을 미친다.

더욱 문제적인 지점은, 이 같은 편집이 단순한 서사 장치 이상의 역할을 하며 실제 온라인 반응에까지 부정적인 영향을 끼쳤다는 점이다. 방송 이후 여러 커뮤니티에서는 해당 출연자를 향한 비난이 이어졌고, 비건이라는 개인적 신념이 마치 공동체 안에서 '불편함을 유발하는 특이한 성격'처럼 소비되었다. 심지어 일부 커뮤니티에서는 "예민하다.", "본인밖에 모른다."는 식의 조롱이 쏟아졌고, 이는 방송이 제공한 '프레임'과 무관하다고 보기 어렵다.

예능 프로그램은 현실을 담아내면서도 편집과 연출을 통해 하나의 이야기를 만들어 내는 '가공된 현실'이다. 그렇기에 특정 인물의 성향이나 가치관이 방송 내에서 어떤 방식으로 소비되는지는 대단히 중요한 문제다. 채식주의라는 선택이 다수의 식생활과 다르다는 이유만으로 '문제적 특징'으로 부각시키는 방식은 무책임하다. 제작진이 출연자에게 '캐릭터성'을 부여하기 위해 선택한 방식이 결과적으로 한 사람의 신념을 희화화하고 낙인찍는 데 기여한 셈이다.

또한 이는 단순히 한 명의 출연자에게 국한된 일이 아니다. 사회적 소수자 혹은 비주류 가치관을 가진 이들이 미디어에서 다뤄질 때, 그들이 가진 신념은 자주 '소재화'되고 '콘텐츠화'된다. 채식주의자, 성소수자, 이주민, 혹은 장애인 등이 방송에 등장할 때 그 자체가 '특이한 이야기'가 되어버리는 구조 속에서, 대중은 언제나 구경거리의 시선으로 타인을 평가하는 습관을 반복하고 있다. 그렇기에 미디어는 보다 섬세하고 윤리적인 감각을 가지고 콘텐츠를 제작할 책임이 있다. 단지 '재미'나 '화제성'이라는 이름 아래 누군가의 신념을 희화화하거나 대중의 공격 대상이 되는 구조를 반복하는 것은 바람직하지 않다. 공영성과 영향력을 가진 미디어일수록 다양성과 존중이라는 가치를 어떻게 전달할지 고민해야 한다.

유튜브와 같은 플랫폼을 통한 비건 콘텐츠 역시 점점 더 확산되는 추세다. 비건 지향 라이프 스타일을 보여주는 유튜브 채널은 실용적인 내용과 친근한 방식으로 사람들에게 인기를 끌고 있다. 비건 유튜버들의 콘텐츠는 단순히 먹거리를 소개하는 수준을 넘어, 지속 가능한 삶에 대한 폭넓은 시선을 담고 있다. 이들은 식물성 재료로 만든 다양한 요리를 공유할 뿐만 아니라 제로웨이스트 실천과 같은 환경을 고려한 삶의 태도까지 함께 보여준다. 그들이 보여주는 식탁의 이면에는 생명과 지구를 존중하려는 깊은 가치가 스며 있다. 특히 일부 유튜버들은 채식이 개인의 취향이 아닌 사회 구조 속에서의 윤리적 행동이라고 이야기하며, 비건이 지닌 철학적 의미를 더 넓은 시각으로 풀어낸다.

이들의 콘텐츠가 더욱 인상적인 이유는 단순히 정보만을 전달하는 것이 아니기 때문이다. 비건으로 살아가며 겪는 일상의 어려움, 사회적 시선, 때로는 불편한 상황들을 가감 없이 공유하면서 시청자와 깊은 공감대를 형성한다. 영상 속 진솔한 경험담은 사람들로 하여금 자연스레 '나도 한번 시도해 볼까?'라는 마음을 갖게 한다. 이러한 공감은 어떤 가르침이나 깨달음보다 강력하다. 비거니즘은 완벽함을 요구하는 삶의 방식이 아니며, 우리가 좀 더 나은 방향으로 나아가기 위해 실천할 수 있는 선택지 중 하나라는 메시지를 조용히 전하고 있는 것이다. 채식 라이프를 찍먹하고 싶은 마음이 있다면 채식 요리 레시피를 알려주는 '초식마녀', 6년 차 비건 배우 임세미의 '세미의 절기', 비건 전문 크리에이티브 팀 '비건먼지' 등 꾸준히 시청할 수 있는 채널을 구독하는 것도 좋은 방법이다.

넷플릭스에서도 비거니즘을 주제로 한 다큐멘터리와 영화가 꾸준히 소개되고 있다. 〈더 게임 체인저스(The Game Changers)〉는 운동선수들이 비건 식단을 통해 체력과 건강을 향상시키는 모습을 다루며, 〈왓 더 헬스(What the Health)〉는 육류와 유제품이 건강에 미치는 부정적인 영향을 조명하며 의료 산업과 식품 산업의 관계를 탐구한다. 다큐멘터리 영화인 〈카우스피라시(Cowspiracy)〉와 〈씨스피라시(Seaspiracy)〉는 축산업 및 어업의 현실과 환경에 미치는 영향을 보여 준다. 또한, 동물권 단체 '카라(KARA)'에서 매년 주최하는 서울동물영화제는 동물권과 비거니즘에 대한 다양한 시각을 조명하는 중요한 행사 중 하나다. 이 영화제에서는 동물 착취와 환경 문제를 다룬 다큐멘터리와 영화를 상영하며, 우리가 평소에 쉽게 접하지 못하는 작품들을 한 곳에 모아 볼 수 있도록 도와준다. 이를 통해 관객이 동물권 문제와 윤리적 소비에 대해 깊은 통찰을 할 수 있도록 경험을 제공하는 것이다.

 미디어는 세상을 바라볼 수 있는 창문과 같다. 가장 가까운 곳에 있는 창을 통해 무엇을 보느냐에 따라 우리의 가치관과 행동은 충분히 달라질 수 있다. 이는 현대가 대중의 인식과 긴밀한 상관관계를 가진 미디어의 역할이 그 무엇보다 중요한 시대임을 방증한다. 비거니즘을 보다 균형 잡힌 시각에서 다루는 공정한 프로그램이 많아진다면, 분명히 많은 사람들이 비거니즘을 열린 마음으로 받아들이는 데 큰 발돋움이 될 것이다. 앞으로 한국 방송에서도 비거니즘을 긍정적으로 조명하며 그 가치를 있는 그대로 전달하는 프로그램이 많아지기를 기대해 본다.

두르거나
신고
바르는

비건은 동물을 먹지 않는 사람이지만 그게 전부는 아니다. 정확히는 비인간동물을 착취하고 학대하는 모든 제품을 소비하지 않는 사람이다. 식이 생활에서 실천 비율이 압도적으로 큰 건 사실이지만 다른 소비 생활에서의 변화 또한 중요하다. 세상에는 공장식 축산으로 고통받는 식용동물 이외에도 많은 동물이 있다. 동물원이나 아쿠아리움에 사는 전시동물이나 화장품 및 제약을 위해 쓰이는 실험동물 그리고 패션 산업을 위해 착취당하는 동물들까지.

사실 나는 비건이 되겠다는 다짐을 하고 나서야 비건이 된다는 게 정확히 어떤 일인지 알았다. 알게 되는 과정 자체는 무척 자연스러웠다. 신발을 사기 위해 매장에 가서 평소처럼 마음에 드는 디자인을 골랐다. 신어 보니 사이즈도 적당해서 큰 고민 없이 구매하겠다는 결정을 내렸다. 직원에게 계산을 요청하기 직전, 뭔가 이상한 기분이 들어서 신발 한 짝을 집어 들었다. 그리고 신발에 달린 택을 뒤집어 보니 '갑피 : 천연가죽(소가죽)'이라고 또렷하게 쓰여 있었다. 그 순간 내 팔뚝을 타고 몸소름이 자르르 돋아났다. 가죽이라는 단어에 반응이라도 하듯이 내 살가죽이 오돌토돌해진 것이다. 나는 다른 제품을 보겠다는 말과 함께 직원에게 고개를 숙이고 매장을 나왔다.

그리고 다른 매장에 가서 몇 개의 신발을 더 골라 안쪽을 들여다보고 나서야 알았다. 동물이 안 들어간 물건을 찾기란 쉽지 않다는 걸. 결국 아무것도 사지 않은 채로 집에 돌아왔다. 동물의 불필요한 죽음을 반대한다는 이유로 채식을 실천하면서, 소의 가죽으로 만들어진 신발을 신고 오리의 털이 가득 들어간 외투를 입을 수는 없으니까.

집에 도착해서는 현관에 쪼그려 앉아 신발장 안에 들어 있는 신발들을 전부 뒤집어 보았다. 스웨이드, 천연가죽. 옷장을 열고 옷 안쪽에 달린 택을 하나하나 읽어 보았다. 양모, 오리 깃털, 솜털, 캐시미어. 동물의 털이라는 사실을 알려주는 단어들이 뇌리에 꽂혔다. 그리고 패션 산업에서 동물들을 어떻게 착취하는지 확실하게 알아야겠다는 생각이 들었다.

가장 먼저 보게 된 건 울(Wool)이 만들어지는 과정이었다. 양모 산업을 위해 개량된 종인 메리노 양은 주름이 많고 털이 풍성하게 자라는 것이 특징이다. 하지만 이 주름 때문에 메리노 양은 기생충에 취약하다. 주름진 축축한 피부—주로 엉덩이 주변—에 파리가 알을 까고, 부화한 구더기는 살아 있는 양의 피부 조직을 좀먹는다. 이 때문에 메리노 양의 90%는 뮬싱(Mulesing)이라는 강제 시술을 당한다. 뮬싱은 어린 양의 항문 주위 가죽을 도려내는 작업이다. 양의 네 다리를 금속 봉 사이에 끼우고 누운 상태에서 진행된다. 뮬싱 과정에서 양 꼬리가 잘리거나, 수컷 양이 거세되는 일도 많다. 이 모든 잔인한 과정은 대개 마취 없이 진행된다.

다른 동물들의 가죽도 마찬가지였다. 악어들의 입을 테이프로 감고 두 손과 두 발을 뒤로 묶고 운반하는 모습, 살아 있는 악어의 코를 잡아 누르고 생가죽을 벗겨 가방으로 만드는 브랜드, 아직 세상 밖에 나오지 않은 송아지를 강제로 꺼내어 피부를 벗겨 만드는 최고급 송치 가죽, 오리의 두 날개를 휘어잡고 무자비하게 깃털을 뜯는 손길, 오리와 거위의 분홍색 살갗에 흐르는 피. 찾아볼수록 이 장면들이 그다지 극단적인 사례가 아니라는 걸 알 수 있었다. 타조, 여우, 밍크의 현실도 더 잔인하면 잔인했지 크게 다르지 않았다.

나는 이 모든 것이 믿을 수 없을 정도로 충격적이었다. 왜 한 번도 생각해 본 적이 없었을까. 입거나 두르거나 신는 일도 인간의 편의를 위해서라는 점에서 먹는 일과 다르지 않을 텐데. 비건이 되겠다 선언해 놓고 단순히 육류와 물살이, 소젖과 닭알을 먹지 않기만 하면 된다고 믿었던 스스로가 부끄러웠다. 식탁 앞에서만 골몰했던 나 자신의 모습이 답답하고 한심했다.

패션 산업은 비인간 동물의 신체를 '소재'로 삼으며, 고통과 죽음을 고급스러움의 언어로 포장한다. 양, 송아지, 악어, 오리, 타조, 여우, 밍크. 이들의 이름은 더 이상 생명체가 아닌 '가죽', '퍼', '스킨' 같은 단어로 대체된다. 누군가의 피부가 '럭셔리'의 상징이 되어 수백만 원짜리 가방으로 재탄생하는 것이다. 동물의 신체를 가공한 상품은 단지 '소비재'일 뿐, 그 이면의 고통과 생명은 철저히 삭제된다. 우리는 가죽 가방을 들고 오리털 패딩을 입은 채, 그 안에 있었던 존재의 눈빛과 비명을 상상하지 않는다. '멋'과 '편의'라는 이름은 그 모든 폭력을 조용히 정당화한다.

인간 중심 사회는 이러한 소비를 '당연한 선택'처럼 만들었다. "진짜 가죽이 오래 가니까", "오리털이 따뜻하니까", "한 번 사서 오래 입으면 돼." 이런 일상적인 언어들이 오히려 잔혹한 구조를 더욱 견고하게 만든다. 그러나 그 모든 정당화의 중심에는 결국 인간만이 중요하다는 믿음이 놓여 있다. 인간의 안락함과 만족 그리고 멋을 위해 비인간 동물의 고통은 끊임없이 은폐되고, 반복된다.

이제는 동물성 제품을 일절 소비하지 않는다. 새로운 물건의 구매를 최소화하기도 하지만, 반드시 사야 할 때는 디자인보다 재료를 먼저 찾아 확인한다. 동물성 재료가 쓰이지 않은 물건 중에서 가장 마음에 드는 디자인을 찾는다. 다행인 건 패션 산업에서도 '친환경'이 화두로 떠오르며 버려진 폐기물을 재활용하거나 재생이 가능한 소재 및 섬유를 개발한 제품들이 점점 더 많이 출시되고 있다는 점이다. 버려진 페트병으로 만든 재킷, 폐타이어나 낡은 트럭 타프로 만든 가방 등 많은 제품이 인기를 얻고 있다.

낫아워스

낫아워스 NOT OURS는 동물 착취 없는 지속 가능한 삶에 대한 고민을 담은 패션 브랜드다. 낫아워스라는 이름은 영문 그대로 '우리의 것이 아닌'이라는 의미를 가지고 있다. '우리의 털이 아닌 동물의 털', '우리의 가죽이 아닌 동물의 가죽'이라는 뜻이다. OURS(욱스)는 프랑스어로 '곰'을 뜻한다. 이러한 의미를 고려할 때 낫아워스는 '곰이 아닌', 즉 '동물의 가죽이나 털로 만든 것이 아닌'이라는 언어유희적 의미도 가지고 있다. 무심한 표정의 곰이 낫아워스의 대표 캐릭터이자 로고이다. 낫아워스의 모든 제품은 비동물성 소재이며, 가방, 옷, 신발, 모자, 지갑 등 품목도 다양하다. 제품을 포장하는 방식도 굉장히 환경친화적이다. 100% 재생 펄프로 제작한 종이로 띠지를 두르고, 소이 잉크[11]로 인쇄한다. 또한 재활용 및 생분해가 가능한 종이 완충재를 사용한다.

---

11 대두에서 추출한 식물성 기름으로 만든 친환경적인 인쇄 잉크

비건타이거

비건타이거^{VEGAN TIGER}는 모피 동물의 고통을 종식시키고자 크루얼티 프리(Cruelty Free)를 전면으로 내세운, 국내 최초의 비건 패션 브랜드다. 이들이 추구하는 가치는 '책임감 있는 패션과 책임감 있는 라이프 스타일'이다. 모피뿐만 아니라 생명을 착취하여 생산된 소재는 사용하지 않으며, 이를 대체할 수 있는 지속 가능한 소재를 직조, 선정하여 직접 디자인한다. '채식하는 호랑이'라는 브랜드명은 비건타이거만의 독특한 패션 세계를 상징한다. 베이직한 패턴에 과감한 컬러를 조합해서 위트 있고 키치한 느낌의 옷들을 만들어 낸다. 무엇보다 수익금의 일부를 비건 페스티벌이나 동물과 환경을 위한 캠페인 비용으로 전환하고 있다.

패션 산업까지 생각이 닿고 나니 실험동물에 대한 진실은 당연하게 따라와 내 앞에 펼쳐졌다. 무엇보다 약학대학에 다니고 있는 친구와의 대화에서 많은 것들을 알게 됐다. 실제로 제품을 출시하거나 연구실에서 일하는 게 아님에도 불구하고, 의약계열에서는 교육 과정에서 많은 동물을 착취하며 살해하고 있었다. 이미 다 증명되어 있는 실험값들을 다시 보고서로 쓰는 수업을 진행하기 위해 돈을 주고 쥐와 토끼를 사서 실험실에 반입한다. 그리고 입에 담기도 꺼려질 정도로 잔인한 실험을 일삼는다. 진통제를 투여한 쥐를 80도에 육박하는 핫플레이트 위에 올려놓고 고통 역치를 확인하거나, 항우

울제를 투여한 쥐를 물에 빠트린 후 언제까지 포기하지 않고 수영을 계속하는지 실험하는 거다. 친구는 불참 의사를 밝혔다가 실험 수업에서 큰 불이익을 받았다고 했다.

화장품 브랜드나 실제 제약 회사에서 진행하는 동물 실험은 더 심각하다. 토끼의 눈 점막에 매니큐어를 떨어트려 보거나, 마스카라를 과도하게 발라 반복적인 자극을 준 후 반응을 체크하기도 한다. 신약을 개발할 때는 무조건 독성 시험을 진행한다. 한꺼번에 어느 정도 먹어야 죽는지 테스트하는 것이다. 독성 검사는 주로 쥐와 원숭이를 대상으로 한다. 이토록 커다란 잔인함에 비해 얻는 결과는 초라하기 그지없다. 동물 실험 단계에서 안전성을 입증해도 그중 90% 이상이 사람을 대상으로 하는 임상 시험을 통과하지 못해 시장 출시에 실패하기 때문이다.

역시 다행인 건 최근에 크루얼티 프리와 비거니즘을 지향하고 실천하는 뷰티 브랜드들이 많아졌다는 점이다. 해당 브랜드들은 연구 및 생산 과정에서 동물성 성분을 전혀 사용하지 않을뿐더러, 동물 실험 또한 배제한다. 그리고 '크루얼티 프리'와 '비건 인증' 마크를 단채로 제품을 출시한다. '올리브영'에도 비건 제품들이 상위 랭킹 대부분을 차지하고 있다.

러쉬

러쉬Lush는 전 세계적으로 잘 알려진 비건 및 크루얼티 프리 화장품 브랜드다. 자연친화적이고 윤리적인 철학을 브랜드 전반에 걸쳐 실천하는 게 특징이다. 러쉬는 동물 실험을 일절 하지 않으며, 원재료 공급업체 또한 동물 실험을 하지 않는 곳으로만 선택한다. 제품에 'Fighting Animal Testing(동물 실험 반대)'이라는 슬로건이 자주 보인다. 배스밤, 샴푸바, 비누, 스킨케어, 향수 등이 주요 상품이다. 대부분의 제품이 비건이지만, 아쉽게도 전 제품이 비건인 것은 아니다. 일부 제품에는 꿀, 소젖, 닭알과 같은 동물성 원료가 소량 포함되기도 있다. 비건 여부는 제품 라벨이나 웹사이트에 명확하게 표기되어 있으니, 구매 전에 꼭 확인해 보는 것을 추천한다.

아로마티카

아로마티카Aromatica 역시 크루얼티 프리 철학을 기반으로 한 국내 뷰티 브랜드다. 모든 제품이 동물 실험을 하지 않고 생산되며, 극히 일부 제품에 동물성 원료가 포함되어 있지만 점차 완전 비건 브랜드로 전환해 가는 추세다. 러쉬와 비교했을 때 조금 더 자연주의적인 이미지를 내세우고 있어서, 성분에 민감한 소비자들에게 인기가 많다. 브랜드 이름처럼 아로마테라피를 기반으로 하기 때문에 식물 유래 성분이 많으며, 허브나 시트러스 등 자연 그대로의 향을 지향한다. 패키징 또한 재활용 가능한 유리병을 사용하거나 리필 제품을 출시하는 등 탄소 배출을 줄이는 친환경적 행보에도 진심이다.

나는 가끔 내가 어떤 강을 건너왔다는 생각을 한다. 진실을 마주하는 일은 때로 고통스럽다. 알고 난 후에는 절대 몰랐던 때로 돌아갈 수 없기 때문이다. 물론 그 진실로 인해 행동 양식을 변화할 것인지 말 것인지에 대한 선택은 사람마다 다를지도 모른다. 하지만 죄책감이라는 감각만큼은 결코 되돌릴 수 없다. 모르는 척하고 살아갈 수는 있겠지만 그렇다고 해서 사라지는 것은 아니다. 그저 죄책감을 동반한 채 살아갈 뿐이다. 필사적으로 무시하고 어떻게든 회피하는 것에 가깝다.

사실 우리는 많은 것들을 '죄책감'으로부터 시작하고 있지 않나. 죄 짓는 기분을 느끼지 않기 위해, 조금이라도 더 나은 삶을 살기 위해 일상 속에서 여러 선택을 한다. 바닥에 쓰레기를 버리지 않고, 무단횡단을 하지 않고, 도움이 필요한 사람을 못 본 척 지나치지 않는 것. 이처럼 아주 사소하게 느껴지는 순간까지도 죄책감이라는 알고리즘에 의해 구성되어 있다. 그렇다면 비거니즘 문제 또한 상처받고 죄의식을 느낄 수 있는 인간의 감수성에 기대를 걸어 봐야 하는 게 아닐까. 숨겨져 있는 진실을 알리고 몰랐던 이들에게 상처를 주며 그들의 양심을 건드리는 거다. 그리고 그 훼손된 양심을 통해 우리 모두의 행동 양식이 조금씩 변화하기를. 그로 인해 다 함께 더 나은 세상을 만들어 나갈 수 있기를 진심으로 바란다.

이제는
익숙하고도
유쾌한 일상

　몇 해 전에 SNS에서 이런 문장을 본 적이 있다. '동물이나 비인간 무생물에 지나치게 감정 이입하는 것은 정신적으로 위험하다는 증거다.' 막 채식을 시작하던 시기라서였을까. 나는 이상하게 문장이 몸 한구석 어딘가에 콱 박히기라도 한 것처럼 꽤 오랫동안 이 말을 곱씹었다. 동물의 고통에 이입하고, 그들의 고통에 공감하는 게 정신적으로 위험하기 때문이 아닌 걸 알면서도 그랬다. 그냥 지나치듯 본 문장 하나가 내 안에서 오랫동안 사라지지 않아서 결국 지금 여기서까지 쓰고 있다. 왜일까.

　지금 와서 생각해 보면 나는 저 문장을 제대로 반박하고 싶었던 것 같다. 타인의 감정과 가치관을 자신의 잣대로 판단하고, 정서적 불안정이라 몰아가고자 하는 오만한 사상에 제대로 된 반박을 하고 싶었다. 그냥 묘하게 기분 나쁜 말이라 생각하고 쉽게 넘기기 싫었다. 인간이니까 인간만을 사랑하라고 강요하는 사람들에게 대답할 수 있는 나만의 언어가 필요했다. 나는 몇 년간 채식 생활을 하며 그 대답을 조금은 찾은 것 같다.

우리는 인간을 사랑하라고 강요받고, 인간이 가장 우월한 존재이며, 인간끼리 맺는 관계가 가장 아름다운 것처럼 여겨지는 사회 속에서 살아 왔다. 사람들은 기후 위기와 코로나 팬데믹을 겪으면서 이 고립된 사랑의 방식이 얼마나 가난한지를 겨우 깨닫기 시작했다. 인간이 인간만을 사랑하는 세계가 삭막해지는 과정을 마스크를 쓴 채로 실감했다. 인간의 발길이 끊긴 곳에 어떤 존재들이 돌아와서 살게 되는지 보았고, 격리당하고 통제받는 삶을 직접 경험했다. '인간과 인간의 관계'에만 집착하던 우리가 처음으로 '인간과 세계의 관계'에 대해 생각해 볼 수 있게 된 것이다. 환경은 우리에게 단순한 자원이 아닌 함께 살아가는 존재라는 것을 깨닫고, 자연과의 관계를 되찾으려는 움직임이 시작되었다.

인간이 아닌 존재들에게 깊은 유대감을 느끼고, 그들에게 연대를 건네는 것이 비정상적이라는 것은 지독한 오해다. 오히려 인간만을 사랑하는 것이 무척 부자연스럽고 기이한 일이다. 우리는 기후 위기의 심각성을 들여다보면서 인간 중심적 사고가 초래한 파괴적 결과를 마주해야 한다. 자연을 지배할 대상이 아닌 상호작용할 존재로 인식해야 하고, 비인간동물 역시 새로운 시각에서 바라볼 필요가 있다. 그들을 인간에게 속한 소유물이나 생산 수단이 아니라, 독립적인 생명으로 존중해야 한다.

사랑에는 본래 경계가 없다. 자연에 대한 애정도, 비인간 동물의 고통에 대한 공감도, 보이지 않는 것들에게 유대감을 느끼는 것도 모두 감각의 확장이다. 사랑을 오로지 인간끼리의 상호작용으로 국한시키고, 비인간 존재에게 이입하는 행위를 정서적 불안의 징후라고 해석하는 시각은 오히려 우리를 더 불행하게 만든다. 우리는 사랑의 가능성과 영역을 더 넓게 상상할 수 있어야 한다. 존재의 형태나 언어의 유무로 사랑의 자격을 판단하는 것은, 결국 스스로를 제한하는 일이다. 비인간 존재와 맺는 관계는 우리에게 다른 형태의 존중을 가르쳐 준다. 결코 가벼운 애착이나 책임감의 영역에서 끝나지 않는, 인간 중심적인 세계관을 넘어서는 새로운 윤리의 시작점이며, 단언컨대 그것은 평등의 감각이다. 나는 이제 오랜 시간 붙들고 있던 그 문장을 떠나 보내려고 한다. 편견 어린 문장 하나가 거대한 압박으로 다가오더라도 절대 기죽지 않고, 더 넓고 깊은 세계를 사랑하고 존중하며 살아가고 싶다.

나에게 '채식'은 그 존중의 방식 중 하나다. 물론 처음에는 모든 것이 낯설고 조심스러웠다. 식당에 가면 메뉴판을 한참 들여다 봐야 했고, 친구들과의 식사 자리에서 "이거 먹어도 돼?"라며 조심스럽게 물었다. 처음부터 이런 일상의 변화가 낯설고 어렵지 않았다고 하면 거짓말이다. 맛있게 먹던 음식들을 포기해야 한다는 생각에 망설이기도 했고, 주위 사람들의 반응을 신경 쓰기도 했다. 하지만 이제는 다르다. 채식은 어느새 나의 자연스러운 일부가 되었다.

이젠 더 이상 채식이 특별한 선택처럼 느껴지지 않는다. 지극히 자연스럽고 편안한 일상일 뿐이다. 외식할 때도 더 이상 메뉴를 걱정하지 않고, 요리를 할 때도 내가 좋아하는 재료들을 자유롭고 익숙하게 활용한다. 두부로 만든 요리, 제철 채소를 곁들인 메뉴, 풍부한 맛을 내는 대체식품까지. 채식을 시작한 이후로 좋아하는 음식들이 더욱 다양해졌다. 매일이 새로운 요리 실험의 연속이고, 다양한 식재료를 활용해서 비건 레시피를 만들어 가는 과정이 즐겁고 흥미롭다. 주변 사람들도 변화를 함께 받아들이기 시작했다. 가족과 친구들은 내 식습관을 존중하며, 함께 채식을 경험하고 시도한다. 새로운 식당을 발견하고, 친구들과 비건 카페를 찾아다니며 맛있는 음식을 즐기는 것도 더할 나위 없이 유쾌한 일상의 조각이다. 이제는 감자칩만 먹어야 하는 게 아니냐며 조롱하는 이들을 마주해도 동요하지 않는다. 언젠가는 그들과 함께 같은 식탁에 둘러앉아, 비건 부대찌개에 소주나 한 잔 할 수 있기를 바랄 뿐이다.

식탁 위에 놓인 음식이 단순한 영양 공급원이 아니라, 그 뒤에 존재하는 수많은 이야기와 연결되어 있다는 것을 안다. 채식은 나에게 식습관의 변화뿐만 아니라, 보다 윤리적인 선택을 할 수 있는 기회를 주었다. 무언가를 포기하는 것이 아니라, 새로운 세계를 발견할 수 있는 기회. 그래서 채식은 희생이나 배려가 아닌, 더 넓은 세상을 향한 선택이며 근본적인 연대라고 믿는다. 나는 앞으로도 채식을 통해 동물의 생명을 해치지 않는 삶을 실천하고, 인간이 아닌 존재들과 함께 나아갈 것이다. 가볍지만 진지하고, 엄격하지만 긍정적인 마음. 이게 내가 생각하는 나의 채식주의 라이프다. 누가 뭐라고 해도 나는 지금의 삶이 충분히 유쾌하고 즐겁다. 모두에게 '못 먹는 것 없고, 못 하는 거 없는' 식물성 삶이 얼마나 근사한 일인지 알려 주고 싶다. 그리고 모든 생명체가 공존할 수 있는 세상을 위해, 작은 실천들을 지속하며 내 손으로 미래를 만들어 가고자 한다.

언젠가 다 함께 외칠 날을 꿈꾸며, GO VEGAN!

두루치기도 먹는다니까
매콤 느타리버섯 두루치기

✖ 재료

백설 돼지불고기 양념 또는 닭볶음탕 양념 느타리버섯 1팩
양파 반 개 대파 취향껏
청양고추 1개 식용유 2큰술
참기름 1큰술 깨 두 꼬집

✖ 재료 손질

느타리버섯 - 밑동을 살짝 잘라 내고, 흐르는 물에 헹군 뒤 결 따라 찢기
양파 - 적당한 두께로 채 썰기
대파 - 어슷 썰기
청양고추 - 송송 썰기

✖ 조리법

1 팬에 식용유를 두르고 대파를 넣어 파기름 내기
2 양파와 청양고추를 넣고 1~2분간 볶기
3 느타리버섯을 넣고 센불로 볶기
4 버섯이 익기 시작하면, 백설 양념장 5큰술 넣기
5 수분이 날아가고 양념이 잘 배어들면 참기름 두르기
6 통깨를 뿌려 마무리

팁 양배추나 애호박 얇게 썰어 함께 볶으면 풍성한 식감을 즐길 수 있어요!
국물이 자작한 요리로 먹고 싶으면 물 2~3큰술 추가해서 볶아도 좋아요!

_____끝맺는 글

 이 책을 쓰면서 처음으로 마감 기한을 어겼다. 어쩌다 딱 한 번 늦은 것도 아니고, 몇 번인지 셀 수 없을 정도로 늦었다. 하루이틀은 다반사고 일주일, 한 달, 길게는 몇 달까지도. 실제로 편집부에 보낸 대부분의 메일에 죄송하다는 문장이 쓰여 있다. 추후에 여러 번의 퇴고를 거치게 되더라도 초고 마감 기한은 꼭 지키자는 것이 내 오랜 신념 중 하나인데, 이상하게 이 책을 쓰면서만큼은 그 약속을 지키지 못했다. 공연 작업으로 바쁜 시기도 있었고 개인적인 사정으로 원고를 쓰지 못한 때도 있었지만, 그게 전부는 아니었다. 아무것도 하지 않을 때에도 쉽게 원고를 쓰지 못해서 멍하니 빈 창만 바라보던 시간이 꽤 길었다. 그러다가 바쁜 시기가 돌아오면, 스스로를 합리화하며 애써 원고를 외면했다.

 나는 사실 빈 창을 멍하니 바라보던 때에도 알고 있었고, 지금 이 순간에도 진짜 이유를 알고 있다. 왜 그렇게 한 글자, 한 글자 써 나가기가 어려웠는지 분명히 안다. 그건 내가 이 책의 '쓸모'를 찾지 못했기 때문이다. 호기롭게 출간 제안을 수락했을 때만 해도 그렇지 않았는데, 막상 쓰려고 하니 어딘가 꽉 막힌 것처럼 쓸모에 대한 강박이 차 올랐다. 그럴 때마다 종이 만드는 과정이 담긴 다큐멘터리를 찾아 봤다. 제지에 적합한 활엽수를 벌목하고, 껍질을 벗기고 일정한 크기로 잘라낸 목재칩이 펄프 공장으로 옮겨지는 모습. 목재칩에 화학처리를 가해 깨끗한 펄프를 만들고, 물을 섞은 펄프를 얇게 펼쳐 압착하고 건조하여 수분을 제거하는 작업. 그렇게 만들어진 종이가 인쇄소로 옮겨지는 장면. 한마디로 나무가 책이 되는 전 과정. 그 다큐를 보면서 했던 생각은 딱 하나다. 내가 쓰는 글이 저 지난한 과정의 결과물이 될 자격이 있나.

결국 1년 반이 넘는 시간 동안 초고를 썼다. 여전히 쓸모를 찾지 못한 채, 충실하게 쓰기로 했던 내용만 꾸역꾸역 채웠다. 그리고 출간을 위해 편집 담당자와 미팅을 했다. 미팅 장소는 신촌 비건 베이커리 〈더 브레드 블루〉. 평소 좋아하던 가게인데도 죄인이 된 것처럼 마음이 편치 않았다. 그 와중에 빵은 맛있었다. 우걱우걱 빵을 먹으면서 표지에 대한 설명을 듣다가 갑자기 의문이 들었다. 진짜 이 책이 세상 밖으로 나오는 건가. 출간에 대한 구체적인 사항들을 논의하는 순간에도 쓸모에 대한 강박은 여전히 나를 괴롭혔다. 나는 담당자에게 이런 고민들을 솔직하게 털어놓았다. 이 책을 출간하는 게 나무를 서걱서걱 벨 만한 가치가 있는 일일까. 누가 이 개인적인 이야기들을 궁금해할지도 모르겠고, 동물을 존중한다면서 오히려 환경을 해치는 일을 하고 있는 게 아닌지. 담당자는 횡설수설 터무니 없는 소리를 늘어놓는 나에게 이렇게 대답했다.

"그런 논리라면 동물권 에세이는 책이 될 수 없는 거잖아요. 그럼 채식을 시작해 보려는 사람은 어디서부터 출발할 수 있겠어요. 그 지점 하나를 만드는 거라고 생각하는 건 어떠세요?"

상냥하고 명확한 답변이었다. 그날부터 나는 저 선명한 말들에 기대어 원고를 수정했다. 제지 공정 다큐멘터리는 더 이상 보지 않았다. 고민이 될 때는 새벽이 생추어리 계정에 올라온 새벽과 잔디의 영상을 봤다. 그리고 다시 자리에 앉아 원고를 썼다. 단 한 명이라도 좋으니, 누군가 이 책을 읽고 용기 내어 채식을 시작하게 되기를. 그렇게 한 명의 동물이라도 더 살아남을 수 있기를. 새벽을 비롯한 모든 돼지에게 행복과 여가와 동료가 가득하기를. 돼지를 넘어서 모든 동물이 해방될 수 있기를. 그 해방이 인간에게도 수많은 가능성과 자유를 건네주는 일이 되기를 소망하는 마음으로, 열심히 썼다.

따지고 보면 이 책은 아주 긴 초대장인 셈이다. 경험을 기반으로 한 내용이라 부족함이 많지만 진솔하게 내 삶의 조각들을 담으려 노력했다. 책을 읽고 생기는 모든 오해와 의문이 오로지 나에게로 향하기를 바란다.

연루(連累)를 고대하며

추천의 글

2018년 초여름의 어느 날, 나는 엄마가 주워 와 엄마 삶의 절반을 내어 준 고양이를 보고 있었다. 자기를 제외하면 엄마가 세상에서 가장 예뻐하는 존재인 나를 유독 싫어해, 내가 집에만 가면 물거나 할퀴려고 호시탐탐 대기하던 성깔쟁이 고양이. 그 고양이가 거실 선풍기 앞에서 미풍, 예약, 수면풍을 차례로 누르다가 마침내 자기 앞에 선풍기가 고정되자 드러누워 잠드는 모습을, 가끔 코도 골고 눈도 비비고 오른쪽 왼쪽 고개도 돌려 가며 늘어지게 자는 모습을 한참이고 지켜보고 있었다. 그러고 얼마 안 가 나는 채식주의자가 되었다.

이 책에서도 소개되었던 양돈장에서 구조된 돼지 새벽은 수박과 낙엽을 좋아하면서 상추는 먹지 않는다. 반면 함께 사는 실험실에서 구조된 돼지 잔디는 상추를 좋아한다. 새벽과 잔디를 돌보는 활동가들이 이들의 취향과 성격, 식성에 대해 묘사한 문장들을 읽을 때면 나는 나도 모르게 아, 너무 예쁘다, 되뇌게 된다. 예쁜 어린이, 예쁜 할머니, 예쁜 개, 예쁜 비둘기, 예쁜 돼지, 예쁜 닭, 예쁜 문어, 예쁜 매미, 예쁜 지렁이…. 예쁘다는 수식어를 반복적으로 붙여 부르다 보면 어느새 그 존재가 애틋해지고, 그와 내가 연루되는 기분이 든다. '예쁘다'는 말이 현대 사회에서 갖는 함의를 알면서도 일부러 그 말을 자주 쓰는 이유이다.

기록적 폭염으로 남은 여름의 초입이던 그날, 나를 싫어하고 고집이 세고 더위를 많이 타며 나에게 바람은 한 점도 주지 않으려 선풍기를 고정시킨 고양이를 보면서 나는 그 존재의 존재함이 너무 명백하게 느껴지는 데 당황하고 있었다. 그 고유한 존재가 고유한 대로 살아갈 수 있도록 그대로 두는 것 외에, 내가 함부로 해도 되는 일은 아무것도 없다는 생각이 들었다. 그건 사랑이라고 부르기에도, 존중이라고 부르기에도 애매한 것이었다. 그저 눈앞의 존재가 너무 예뻐서, 그 예쁜 삶이 계속되도록 무엇이라도 하거나 무엇이든 안 해야겠다는 생각이 들었다.

말은 이렇게 쉽게 해도 페스코 채식을 하다가 집 앞 횟집의 수족관에서 넙치를 마주치는 게 괴로워 비건으로 넘어오기까지의 우여곡절이 한참이었고(나는 창피한 얘기를 남에게 잘 하지 않아서 지수는 이때의 내 비루함을 모른다), 비건이 된 후에는 그간 사 모은 가죽 가방이며 오리털 파카, 캐시미어 코트 같은 것을 어쩌지 못해 골머리를 앓았다. 그러나 하루에 적게는 두 번에서 많게는 세 번, 내가 알지 못하고 영영 만나지 못할지도 모를 예쁘고도 선명한 삶을 떠올리며 번거롭고 불편하게 먹는 삶은 힘든 만큼이나 기쁨이 많았다.

이 책을 쓴 지수는 사람을 예쁘게 보지 못하는 나에게도 참 예쁜 사람이었다. 예쁜 친구와 함께 그럭저럭 늙어가려면, 내가 예쁘게 여기는 존재들을 친구도 예쁘게 봐 주어야 할 것 같았다. 그래서 지수에겐 마리라고 불리는 나의 동거인과 작당해 좁은 원룸에 음식을 한가득 차려 놓고 지수를 불렀다. 내가 살기로 한 불편하고 피곤하고 비난받기 쉬운 삶을 너도 함께해 주면 좋겠다고, 그래서 내가 좀 더 재밌고 행복하게 살

수 있도록 내 삶에 연루되어 주었으면 한다고 뻔뻔하게 요구했다. 지수의 당황스러운 표정을 떠올려 보건대 그날 나는 눈을 번뜩이며 매우 비장한 상태였을 것이다. 이 책의 존재가 말해 주듯, 결과적으로 그날의 뻔뻔한 초대는 내가 비건 선언을 한 이후 가장 잘한 일이 되었다. 지수는 누구보다 기꺼이 내 삶에 연루되어 주었고, 나보다 더 긴밀히 동물들과 얽힌 삶을 살게 되었다.

내게 비건의 삶을 열어 주었던 고양이는 재작년에 고양이별로 돌아갔다. 명백했던 존재는 부재도 명백해서, 나는 한동안 마음을 분실한 사람처럼 멍하게 지냈다. 마음이 어두워지자 아무런 애도도 없이 죽고 세상에 존재했다는 사실마저 한갓 숫자로 환원될 과거의, 현재의, 미래의 동물들에 대한 생각이 찾아왔다. 고기가 되기 위해 존재했다가 사라진 그 모든 존재의 눈을 마주 볼 수 있었다면, 나와 지수는 그 존재들을 분명 힘껏 사랑했을 것이다. 이름을 지어 주고 반복되는 사계절을 놀렸다가 사랑하면서 내 삶의 절반을, 어쩌면 전부를 고민 없이 주었을 것이다. 우연히 만날 수 있었으므로 사랑하게 된 고양이가 나를 이끈 곳에 우연히 만나지 못해 사랑할 수 없었던 소와 닭과 돼지와 고등어와 멸치의 삶이 있었듯, 누군가와 우연히 마주하게 될 이 책이 예상치 못한 연루로 많은 이들의 삶을 연결하고 확장하는 계기가 되기를 바란다.

지수가 이 책을 쓰고 펴내기까지 얼마나 큰 용기를 내야 했을지 안다. 신념이나 식이 취향이 유사한 집단에서 마음 맞는 사람들과 어울리며 비교적 편한 비건 생활을 이어 온 나와 달리, 원래도 다른 사람을 쉽게 재단하거나 바꾸려 드는 법이 없는 지수는 누군가를 설득해야 할 상황도, 누군가의 기분이나 그곳의 분위기를 한순간에 상하게 만들 용기를 내야 할 상황도 많았다. 그럴 때마다 지수는 적당히 모면하거나 얼버무리는 대신 그 불편함과 두려움을 정면으로 마주했고, 마침내 상대가 지수와 시간을 보내고 싶어 스스로 비건 식당을 찾아보도록 만드는 마법을 부렸다. 물론 지수의 주변인은 누가 되었든 비건의 비읍이라도 꺼냈다가는 세상에서 가장 맛있는 비건 피자와 잡채밥과 수제비와 쌈밥과 케이크와 크루아상을 즐거운 대화 속에서 코스에 맞추어 먹어야 하는 벌을 받게 된다. 누군들 그런 벌을 좋아하지 않을 수 있을까? 언젠가 비건 세상이 온다면, 그건 아마도 지수 같은 사람들의 유머와 친화력과 상냥함 덕분이리라. 그 상냥함에 많은 빚을 지고 살아가는 내가, 이 책이 만들어 낼 기꺼운 연루들을 고대하고 확신하며.

2025년 4월의 어느 새벽에
도꼬

감자칩과 부대찌개 사이에서

초 판 발 행	2025년 05월 20일 (인쇄 2025년 04월 30일)
발 행 인	박영일
책 임 편 집	이해욱
저 자	구지수
편 집 진 행	김내원
표지디자인	김도연
편집디자인	임아람
발 행 처	(주)시대고시기획 · 시대에듀
출 판 등 록	제 10-1521호
주 소	서울시 마포구 큰우물로 75 [도화동 538 성지 B/D] 9F
전 화	1600-3600
팩 스	02-701-8823
홈 페 이 지	www.sdedu.co.kr

I S B N	979-11-383-9263-1 (03810)
정 가	15,000원

※ 이 책은 저작권법에 의해 보호를 받는 저작물이므로, 동영상 제작 및 무단전재와 복제, 상업적 이용을 금합니다.
※ 이 책의 전부 또는 일부 내용을 이용하려면 반드시 저작권자와 (주)시대고시기획 · 시대에듀의 동의를 받아야 합니다.
※ 잘못된 책은 구입하신 서점에서 바꾸어 드립니다.

시대인은 종합교육그룹 (주)시대고시기획 · 시대교육의 단행본 브랜드입니다.